Économie générale

BTS deuxième année

Livre du Professeur

Ouvrage rédigé par

Jean-François DHÉNIN
Professeur d'économie et gestion en BTS

Christian RUDELLE
Professeur d'économie et gestion en BTS

André SERDECZNY
Professeur d'économie et gestion en BTS

Patrick SIMON
Professeur de droit et d'économie en BTS

Bréal éditions

1, rue de Rome - Rosny Cedex

Dépôt légal juin 2000.
ISBN 2 84291 621 2

Sommaire

Partie 1 - Les relations économiques internationales 5

Chapitre 1 • *Les fondements des échanges internationaux* 6

Chapitre 2 • *Les principaux courants d'échanges* 9

Chapitre 3 • *L'organisation des échanges internationaux* 14

Chapitre 4 • *Marché des changes et Système monétaire international* 21

Chapitre 5 • *Politiques de change et Système monétaire international* 24

Chapitre 6 • *Les marchés internationaux de capitaux* 26

Thème 1 • Les forces et les faiblesses du commerce extérieur français 29

Partie 2 - L'économie mondiale 31

Chapitre 7 • *L'hétérogénéité de l'économie mondiale* 32

Chapitre 8 • *L'unification du marché européen* 35

Chapitre 9 • *Le marché unique* 44

Chapitre 10 • *Du SME à l'UEM* 50

Chapitre 11 • *La croissance économique et son évolution* 53

Chapitre 12 • *Les déséquilibres du carré magique* 55

Chapitre 13 • *Les déséquilibres sociaux* 57

Thème 2 • L'interdépendance des économies et le problème de la coordination internationale des politiques économiques 59

Objectif BTS 61

Sujet 1 62

Sujet 2 63

Sujet 3 64

Partie 1

Les relations économiques internationales

Chapitre I - Les fondements des échanges internationaux

DOCUMENTS DE SENSIBILISATION

1. La spécialisation dans la théorie smithienne

1. Pour l'auteur, l'avantage absolu provient de la spécialisation dans la production d'un bien fabriqué à un coût plus faible que ses concurrents.
2. L'échange s'organise entre les pays disposant ou non d'un avantage absolu. Les mieux placés exportant les produits vers les pays qui fabriquant d'autres produits à moindre coût, les leur vendront.
3. Certains pays, ne disposant d'aucun avantage absolu, sont exclus du commerce mondial.

2. Les avantages comparés dans la théorie ricardienne

1. L'avantage comparatif vient du fait que certains pays vont se spécialiser dans les productions où leur désavantage est moindre.
2. Si la main-d'œuvre représente un élément déterminant dans l'organisation des facteurs de production, elle peut permettre de dégager un avantage comparatif à l'égard d'un autre pays.
3. Les deux types d'avantages absolu ou comparatif permettent à un pays quel qu'il soit de s'insérer dans le commerce mondial à condition que le libre-échange régule les rapports internationaux.

3. La division internationale du travail selon Ricardo

1. Chaque pays doit se spécialiser dans la production d'un bien où il dispose d'un avantage par rapport à son concurrent. Dès lors, cet avantage suppose une utilisation optimale de ses ressources pour emporter cet avantage.
2. Dès lors que le marché intérieur est saturé, un pays disposant d'excédent de capacités de production a intérêt à s'introduire dans l'échange international.
3. La spécialisation, ou division internationale du travail, permet à tous les participants de s'introduire dans les échanges et ainsi de les faire progresser.

4. Le théorème HOS

1. Ricardo n'envisageait que le travail dans le phénomène de spécialisation. Dans le théorème HOS, l'école suédoise introduit la notion de capital, critère économique, qui permet de calculer le coût des facteurs de production.
2. Les États-Unis ont développé leur production exportée sur la base d'une très forte quantité de travail, alors que leur économie à cette époque souffrait d'une pénurie de main-d'œuvre.
3. Les thèses suédoises et américaines prolongent les analyses ricardiennes en y introduisant le principe du coût des facteurs.

5. Le cycle de vie d'un produit

1. Un produit naît, se diffuse progressivement dans l'économie, satisfait la consommation puis la sature, décline et disparaît. Ce produit témoigne de la place qu'occupe un pays dans le cycle de production.
2. Chaque produit apparaissant sur le marché est détenu par un pays qui participe aux échanges internationaux. Rejoints par la concurrence qui sature le marché, les différents pays se lancent dans de nouvelles productions plus dynamiques pour les échanges internationaux.
3. L'acier a été respectivement un produit phare du développement européen (Thyssen, Krupp), puis du développement américain (U.S. Steel), puis du développement japonais (Nippon Steel), et enfin du développement coréen (Korean Steel).

6. S.B. Linder et la demande représentative

1. La demande intérieure et sa satisfaction permettent de comprendre la spécialisation d'un pays. Disposant d'atouts et d'avantages, il maîtrise la production destinée à satisfaire le marché national et s'oriente vers l'exportation lorsque ce dernier est saturé.
2. La maîtrise du processus de fabrication d'un bien lui permet de satisfaire la demande intérieure et de conquérir par la suite des parts de marché à l'exportation.
3. Les produits de base sont peu porteurs de valeur ajoutée liée aux transformations ou aux valorisations qu'un pays peut leur incorporer. Dès lors, la spécialisation crée moins de richesse pour le pays qui y est contraint.

7. Le protectionnisme éducatif

1. La spécialisation agricole introduit peu de valeur ajoutée dans les produits destinés à l'exportation. Le pays qui la pratique reste dépendant de

la communauté internationale en terme d'écoulement ou de fixation des termes de l'échange.

2. Le protectionnisme permet aux industries naissantes de se développer à l'abri de la concurrence étrangère pour ainsi se spécialiser et permettre au pays de dominer les marchés.
3. Les nouveaux pays industrialisés du Sud-Est asiatique ont mis en place un système de remontée des filières, en pratiquant un protectionnisme qui leur a permis de se développer à l'abri de la concurrence étrangère.

8. L'arsenal protectionniste

1. Il existe des barrières tarifaires qui consistent en des droits de douane affectés aux produits importés. Les BNT (barrières non tarifaires) prennent la forme de mesures normatives (normes de fabrication, normes sanitaires, normes écologiques), de quotas ou de contingentement.
2. Les Américains taxent les produits alimentaires français avec des droits de douane prohibitifs, les Français refusent l'entrée de produits américains soupçonnés d'être des OGM, au nom de normes sanitaires.

ACTIVITÉS DE SYNTHÈSE

Consulter et exploiter la documentation économique

LIBRE-ÉCHANGE OU PROTECTIONNISME

1. De l'efficacité relative comme facteur de développement

1. Certains pays ne disposent pas en quantité suffisante de matière première, ou d'énergie. D'autres souffrent d'une pénurie de main-d'œuvre ou d'une formation peu valorisante.
2. La spécialisation ricardienne interviendra dans les domaines où le pays disposera du moins de désavantage par rapport à ses concurrents. Aussi, à titre d'exemple, la Chine – qui dispose d'une main-d'œuvre abondante et bon marché à faible formation – s'est spécialisée dans les industries nécessitant beaucoup de main-d'œuvre peu qualifiée.
3. Le coût salarial étant faible, le coût de production sera peu élevé, déterminant un avantage pour le pays qui se spécialise, et le rend plus efficace à l'égard de ses concurrents.

2. Les arguments en faveur du libre-échange

1. Le libre-échange permet de confronter des niveaux de compétences différents selon les pays. Sachant que la concurrence peut emporter un marché, chaque pays a intérêt à développer l'innovation et l'intégration du progrès technique pour ne pas perdre des parts de marché.
2. La concurrence va stimuler les capacités de production de chaque pays lui permettant d'être plus compétitif et aussi de conquérir des parts de marchés à l'exportation, ce qui améliore aussi sa situation économique.

3. Demain, la plus vaste zone de libre-échange du monde

1. Les avantages sont d'ordre quantitatif (en terme de consommateurs potentiels) et qualitatif (ils permettent de faire circuler des produits entre les deux zones).
2. Les différences économiques peuvent, au départ, être un frein aux échanges, mais elles deviendront une dynamique par la suite, permettant à la zone la plus faible de progresser dans les échanges.
3. L'Union européenne exporte des produits qui incorporent beaucoup de technologie, les pays du Mercosur exportent des produits à forte densité de matières premières et de main-d'œuvre.

4. Ricardo contesté ?

1. Les externalités sont des avantages durables acquis par les pays pratiquant la spécialisation, qui risque de leur donner une position dominante à l'égard d'autres pays ne disposant pas de ces avantages.
2. Les nouveaux arrivants ne bénéficient ni des moyens de financement, ni des moyens de fabrication ou de commercialisation détenus par les pays déjà en place. Leur introduction sur le marché est d'autant plus difficile.

5. Un protectionnisme indispensable pour certains

1. Les industries naissantes sont les industries dans l'enfance, dont les bases ne sont pas assez solides pour pouvoir affronter la concurrence d'industries déjà installées, d'où la nécessité de les protéger.
2. Les pays du tiers-monde ayant choisi des modèles d'industrialisation se réclament de la

théorie de F. List, du fait que leur développement ne peut se réaliser qu'à l'abri d'une protection face aux industries étrangères.

6. Le protectionnisme, un frein à l'ultra-libéralisme ?

1. Les industries stratégiques (en terme d'emploi ou de défense) doivent être protégées de la concurrence étrangère du fait de leur importance nationale.
2. Il met à l'abri des entreprises qui peuvent conserver leur main-d'œuvre, ne craignant pas la concurrence d'industries étrangères plus compétitives.
3. Le surreffectif qui tient au protectionnisme risque d'élever le coût salarial et ainsi d'alourdir les coûts de fabrication.

Questions de synthèse

1. Chaque pays, afin de maintenir sa place dans les échanges, se doit d'intégrer le progrès technique, gage de productivité et d'efficacité. Il accroît ainsi sa richesse intérieure en participant à l'échange international.
2. Les pays développés à économie de marché détériorent les termes de l'échange avec les pays du tiers-monde faiblement développés, faussant ainsi la concurrence dans l'échange international.
3. Le protectionnisme permet ainsi à de nombreux pays de développer des industries à l'abri de barrières douanières, ce qui est un moyen d'accéder dans certains créneaux à un modèle de développement.
4. Les délocalisations, qui s'opèrent aujourd'hui entre les pays développés et les pays en développement à bas salaire, dénaturent les gains tirés de l'échange. Cela nuit à l'emploi dans les pays développés, avec des risques de dysfonctionnement du fait de leur participation au libre-échange.
5. Les pays développés pratiquent fréquemment entre eux des mesures protectionnistes, considérées alors comme des mesures de rétorsion à l'égard de pratiques anticoncurrentielles dont ils sont les victimes.

• Analyser une situation économique

LES GAINS DE L'AVANTAGE COMPARATIF

1. Rapport d'échange : pays A : 3 ; pays B : 4.
2. 25 %.
3. 3.
   – 4.
   – Coût comparatif automobile/téléviseur.
4. Dans la logique smithienne le pays B se spécialise dans la production des 2 biens.
   Dans la logique ricardienne A fabrique des TV, B des automobiles.
5. Les téléviseurs.
   – 5,33 fois plus de temps.
   – Les automobiles.
   – 48 autos.
   – 1 journée de salaire.
   – 5 jours de salaire.

• Développement structuré

Introduction

- Explication de la globalisation
- Phénomène récent et universel
- Aspect positif et négatif

I. Aspect positif

A. Progrès technique

B. Développement de la consommation

C. Développement de la productivité

D. Accroissement du PIB

II. Aspect négatif

A. Emploi menacé

B. Concurrence accrue

C. Délocalisation

D. Risques de crise financière mondiale (Sud-Est asiatique)

Conclusion

- Mouvement de contestation de plus en plus fort (Seattle/Davos)
- Revoir les principes et les règles de la globalisation

Chapitre 2 - Les principaux courants d'échanges

DOCUMENTS DE SENSIBILISATION

1. La balance des paiements

1. Les opérations économiques réalisées entre un pays et l'extérieur sont les opérations portant sur les biens et services, les revenus et les capitaux.
2. Un brevet est un titre de propriété délivré par l'Institut national de la propriété industrielle (INPI) qui confère à son titulaire un droit d'exploitation de vingt ans.

   Une marque est « un signe servant à distinguer les produits ou services d'une entreprise de ceux d'autres entreprises. Une marque peut revêtir différentes formes :
   - un signe verbal [...], figuratif [...], ou sonore [...] ;
   - des chiffres [...], des lettres [...], ou une combinaison des deux [...] ;
   - un monogramme [...] (*cf.* B. Perconte, *50 Fiches pour comprendre le marketing*, Éditions Bréal, 1997).
3. La différence qui existe entre un investissement direct et un investissement du portefeuille réside dans le pourcentage du capital social de l'entreprise investie détenu par l'investisseur.

   Ainsi, on parle d'investissement direct lorsque ce pourcentage atteint 10 % ou plus, et d'investissement de portefeuille lorsque ce pourcentage est inférieur à 10 %.

2. Les balances partielles et leur solde

1. La différence se situe au niveau des agents concernés. Dans le cas d'une importation de biens, c'est un non-résident qui fournit les biens, à titre onéreux ou gratuit, à un résident. Dans le cas d'une exportation de biens, c'est exactement l'inverse.
2. Une balance des paiements étant toujours équilibrée, l'intérêt d'établir des balances partielles est de pouvoir calculer (on dit aussi : tirer) des soldes intermédiaires jugés représentatifs de l'état de santé d'une économie nationale.

   La balance commerciale comptabilise les mouvements de biens entre un pays et le reste du monde ; son solde, appelé solde commercial ou solde du commerce extérieur, est souvent présenté comme un indicateur du dynamisme d'une économie.

   Dans l'ancienne présentation de la balance des paiements :
   - la balance des invisibles enregistrait les échanges qui n'étaient pas matérialisés au passage des frontières ; son solde présentait peu d'intérêt en raison du caractère disparate des éléments qui composaient cette balance ;
   - la balance des transactions courantes regroupait les opérations enregistrées dans la balance commerciale et la balance des invisibles ; son solde reflétait la compétitivité d'une économie nationale et indiquait, de façon simplifiée, la position de ce pays vis-à-vis du reste du monde.

   Aujourd'hui, la balance des invisibles n'existe plus ; on calcule le solde du compte de transactions courantes (soldes des biens, des services, des revenus et des transferts courants), lequel représente l'épargne nette de la nation. La capacité (ou besoin) de financement de la nation s'obtient en ajoutant au solde du compte de transactions courantes, le solde du compte de capital.

3. Les indicateurs traditionnels du commerce international

1. Le produit intérieur brut (PIB) (aux prix du marché), principal agrégat du Système européen des comptes, version 1995, se définit de trois façons (*cf.* Insee, *Insee Résultats, économie générale*, n° 179, août 1999) :
   - somme des valeurs ajoutées brutes des différents secteurs institutionnels ou des différentes branches d'activité, augmentée des impôts grevant les produits (TVA, droits de douane, taxes spécifiques), moins les subventions sur les produits ;
   - somme des emplois finals intérieurs de biens et de services (consommation finale effective, formation brute de capital fixe, variations de stocks), plus les exportations, moins les importations ;
   - somme des emplois des comptes d'exploitation des secteurs institutionnels : rémunération des salariés, impôts sur la production et les importations moins les subventions reçues, excédent brut d'exploitation et revenu mixte.

   Définition de la compétitivité : au niveau microéconomique, la compétitivité est la capacité d'une entreprise à affronter la concurrence tant nationale qu'internationale ; elle se traduit par le maintien et l'élargissement de sa part de marché.

Au niveau macroéconomique, la compétitivité est la capacité d'une économie nationale à dégager des excédents commerciaux vis-à-vis de l'extérieur.

La compétitivité est la résultante de deux facteurs : le prix (compétitivité-prix) et les éléments hors-prix (compétitivité structurelle).

2. Les barrières douanières peuvent être de deux ordres :
   - les barrières tarifaires : droits de douane et taxes ;
   - les barrières non tarifaires : prohibitions, quotas ou contingents, accords volontaires d'auto-limitation, normes et réglementations, monopoles publics, préférence nationale.

3. Résultat de la France (données Insee, année 1998, TEF 1999/2000) :

- degré d'ouverture : 1/2 (2 225 + 2 000)/8 565 x 100 = 24,66 % ;
- effort à l'exportation : 2 225/8 565 x 100 = 25,97 % ;
- taux de pénétration : 2 000/8 565 + (2 000 – 2 225) x 100 = 23,98 %.

4. *La part de marché de la France*

1. Il est préférable de prendre en considération la part de marché relative plutôt que la part de marché absolue car cela permet de comparer ce qui est comparable, à savoir la France avec les autres pays exportateurs industrialisés. En outre, la part de marché relative « élimine l'effet lié à l'émergence de nouveaux pays dans le commerce mondial et au poids croissant du commerce régional en Asie et en Amérique latine, pour lesquels les produits échangés ne sont pas directement en concurrence avec les nôtres » (*Les Notes Bleues de Bercy*, n° 157, 16-30 avril 1999).
2. On constate un renforcement de la part de marché relative de la France en raison de deux facteurs :
   - la crise asiatique, qui a fait diminuer le commerce intra-asiatique, et de ce fait la part relative mondiale de ces pays ;
   - la « bonne » orientation des échanges extérieurs français (la France commerce peu avec l'Asie).

5. *Le commerce mondial*

1. Il est nécessaire de présenter les résultats en volume afin d'éliminer les effets dus à la variation des prix entre deux dates.
2. Le calcul est le suivant :
   Commerce mondial en volume (année n) – Commerce mondial en volume (année n – 1) /Commerce mondial en volume (année n – 1) x 100.

   Le commerce mondial en volume = commerce évalué en termes réels, c'est-à-dire en prix constants. Pour cela, on prend les prix d'une année de base (ou année de référence), ou on déflate les données exprimées en prix courants par un indice des prix.
3. La croissance des échanges mondiaux est supérieure à celle de la production mondiale, en raison de l'interdépendance de plus en plus forte des économies nationales et de la plus grande libéralisation du commerce mondial.
4. Les causes du ralentissement de la croissance du commerce mondial sont doubles : la crise asiatique et la baisse de l'activité économique en Russie et en Amérique latine (Brésil).

6. *Le commerce extérieur français par produit*

1. La différence entre un commerce interbranche et un commerce intrabranche porte sur la nature des produits échangés. Dans le commerce interbranche, il s'agit de produits différents, alors que dans le commerce intrabranche, il s'agit de produits similaires, différenciés ou non.
2. Le développement du commerce interbranche s'explique par :
   - l'intégration croissante des économies développées ;
   - le poids des firmes multinationales dans les échanges ;
   - « la mondialisation des processus de production : un pays peut très bien exporter des produits à l'étranger pour leur transformation, afin de les réimporter ensuite, ou importer des pièces détachées pour exporter des produits transformés » (*Alternatives économiques*, n° 157, mars 1998).

   En outre, les échanges interbranches peuvent ne pas porter sur des produits similaires mais être le signe d'« une spécialisation fine au sein d'un même secteur, notamment dans le domaine des biens d'équipement mécaniques, à l'infinie variété» (*Alternatives économiques*, n° 157, mars 1998).

7. *Le commerce extérieur français par zone géo-économique*

1. UEBL : Union économique belgo-luxembourgeoise.

OCDE : Organisation de coopération et de développement économiques.

L'OCDE a succédé, en 1961, à l'Organisation européenne de coopération économique (OECE), laquelle avait été créée le 16 avril 1948 afin de gérer l'aide extérieure accordée aux pays européens dans le cadre de leur reconstruction (plan Marshall ou ERP : European Recovery Program).

Surnommée le « Club des pays riches », l'OCDE comprend vingt-cinq États (Europe : pays de l'Union européenne, Islande, Norvège, Suisse, Turquie ; Amérique : États-Unis, Canada, Mexique ; Océanie : Australie, Nouvelle-Zélande ; Asie : Japon). Siégeant à Paris, l'essentiel de son activité est consacré à l'analyse de la situation économique des États membres.

2. Calcul du taux de couverture des échanges français avec :
   - l'Afrique : valeur des exportations/valeur des importations x 100 = 101,1/67,6 x 100 = 149,5 % ;
   - le Japon : 27,5/56,0 x 100 = 49,10 %.
3. Les zones géo-économiques et les pays avec lesquels la France réalise l'essentiel de son commerce extérieur sont (en 1998) :
   - l'Union européenne, dont l'Allemagne (premier fournisseur et premier client) ;
   - l'OCDE hors UE, dont les États-Unis d'Amérique du Nord (troisième fournisseur et sixième client).

ACTIVITÉS DE SYNTHÈSE

Consulter et exploiter la documentation économique

LES ÉCHANGES DE SERVICES

1. Les soldes des services de la France

1. Les points forts de la France dans le domaine des services sont les voyages, les autres services aux entreprises (négoce international, autres services commerciaux, locations, services divers aux entreprises), les services de construction, les transports (essentiellement grâce au transport spatial en raison des lancements de fusées Ariane et de la mise en orbite de satellites) ainsi que les services informatiques et d'information.
2. Les points faibles de la France dans le domaine des services sont : les services d'assurance, les redevances et droits de licence, les services culturels et récréatifs (services audiovisuels essentiellement), les services financiers ainsi que les services de communication.

   (Les services aux administrations publiques concernent les recettes et dépenses gouvernementales françaises à l'étranger et étrangères en France.)
3. Le déficit des services culturels et récréatifs revêt une importance particulière en raison de sa dimension culturelle. En particulier, ce déficit marque la suprématie des États-Unis dans le domaine audiovisuel.

2. Le solde des voyages

1. La France, première destination touristique, n'est pas la première en termes de recettes parce que les séjours des étrangers y sont plus courts qu'ailleurs ; de ce fait, les recettes le sont aussi. «Un touriste dépense en moyenne 3,7 fois plus aux États-Unis qu'en France » (Insee, TEF 1999/2000).
2. L'appréciation du dollar par rapport au franc joue en faveur de la France parce qu'elle renforce sa compétitivité ; elle entraîne une augmentation du pouvoir d'achat, toutes choses égales par ailleurs, des ressortissants américains séjournant au France.
3. Les Français sont peu nombreux à voyager à l'étranger : 10 % de leurs séjours personnels y ont eu lieu en 1998.

   En 1999, année faste pour le tourisme, plus de 80 % des Français ont choisi la France. Lorsqu'ils passent leurs vacances à l'étranger, les Français choisissent pour les trois-quarts l'Europe et, en particulier, l'Espagne et l'Italie.

3. Douce France

1. Les dépenses touristiques des Français influencent le solde des voyages étant donné que celui-ci se calcule de la façon suivante : dépenses en France des non-résidents – dépenses à l'étranger des résidents. Or, les Français passant peu leurs vacances à l'étranger, on comprend aisément pourquoi le solde des voyages est excédentaire.
2. Les atouts de la France en matière touristique sont la richesse et la diversité de son patrimoine, ses infrastructures d'accueil, son climat et son mode de vie.

3. Les facteurs à l'origine du développement du tourisme sont l'augmentation du pouvoir d'achat, la baisse du prix des moyens de transport, l'ouverture des frontières, l'allongement du temps libre, la démocratisation des voyages, l'essor du crédit à la consommation, la publicité, le concept de civilisation des loisirs.

Questions de synthèse

1. Un service est un bien économique immatériel.

On peut classer les services en trois catégories :

– selon l'approche de la Comptabilité nationale : services marchands (dont le prix est économiquement significatif, c'est-à-dire couvrant plus de 50 % des coûts de production) et services non marchands (services gratuits ou dont le prix est économiquement non significatif).

Dans le Système européen des comptes, version 1995 (SEC 95), seules les administrations publiques et les institutions sans but lucratif au service des ménages (nouvelle appellation des administrations privées) produisent des services non marchands;

– selon leur utilisation : services de production (services de consommation intermédiaire) et services de consommation finale;
– selon leur mode d'appropriation : services individuels ou privatifs et services collectifs.

2. Les échanges de services sont importants pour la France car ils dégagent depuis de nombreuses années un excédent. Certaines années (avant 1992), ils ont permis de compenser le déficit commercial important que la France connaissait. Depuis 1992, la France réalisant un excédent commercial, l'excédent des services ne fait alors que renforcer la position de la France vis-à-vis du reste du monde.

3. La place de la France dans les échanges internationaux de services (en 1998) :
   – en qualité d'exportateur : troisième pays mondial (derrière les États-Unis et le Royaume-Uni);
   – en qualité d'importateur : sixième pays mondial (derrière les États-Unis, l'Allemagne, le Japon, le Royaume-Uni et l'Italie).

• Analyser une situation économique

GROUPES ET PME DANS LES EXPORTATIONS

1. L'exportation est une activité très concentrée en ce sens que seul un petit nombre d'entreprises (110 000 sur un total de 2,3 millions), soit moins d'une sur vingt, exporte. En outre, parmi les entreprises exportatrices, les quatre premières (Renault, Peugeot, Airbus Industries et Citroën) assurent près de 10 % des exportations globales; les 100 premières entreprises réalisent 35,41 % des exportations totales; les 100 premiers groupes : 47,97 %.

   Il faut noter que les 403 entreprises exportant plus de 500 millions de francs assurent plus de la moitié des ventes françaises à l'étranger (ils sont 187 groupes dans ce cas). Un peu moins de 2 % des entreprises exportatrices (soit 1 873), pour un montant pour chacune d'elles supérieur à 100 millions de francs, représentent à elles seules plus des trois quarts des exportations totales. Enfin, les dix-neuf entreprises exportant chacune plus de 5 milliards de francs réalisent près de 20 % du total des exportations.

2. Les entreprises exportatrices faisant généralement partie d'un groupe, on ne sera pas alors surpris d'observer que les groupes, en France, jouent un rôle primordial dans les exportations. Les dix premiers groupes, soit 0,01 % de l'ensemble des groupes exportateurs, assurent 21,09 % des exportations totales; les cent premiers (0,10 %) représentent près de la moitié des échanges.

   Par ailleurs, les groupes étant fortement internationalisés, les exportations obéissent à une logique particulière; celles-ci sont en grande partie destinées aux filiales implantées à l'étranger. Pour la France, les flux intra-groupes s'élèvent à 42 %; les trois quarts de ces flux sont destinés à être revendus par les filiales locales, le reste entre dans le processus de production des filiales industrielles (division internationale du travail).

3. Les PME ne sont pas absentes des marchés extérieurs. Plus de 48 % des exportations passent par leur entremise et la part des PMI (de 20 à 499 salariés) dans les exportations totales s'élève à 30 %.

   Cependant, la place des PME-PMI dans les exportations dépend surtout de la définition retenue. Ainsi, si on introduit la notion d'indépendance de l'entreprise vis-à-vis d'une structure de plus grande taille, on note que les PME-PMI, indépendantes (soit 95 647) réalisent 25 % des exportations totales.

4. Trois moyens peuvent être utilisés par une entreprise pour exporter ses produits (*cf. Économie d'entreprise*, chap. 8) :
   – l'exportation directe : l'entreprise se charge elle-même de vendre ses produits;
   – l'exportation indirecte : l'entreprise a recours aux services d'intermédiaires spécialisés (ex. : courtiers, sociétés de commerce international, importateurs locaux);

– l'entreprise associée : l'entreprise se groupe avec d'autres entreprises exportatrices (groupement d'exportateurs) ou utilise les réseaux commerciaux des grands groupes installés à l'étranger (*piggy back* ou portage). Ces deux techniques sont particulièrement adaptées aux PME-PMI.

• Développement structuré

Introduction

Définitions : excédent commercial (balance commerciale qui affiche un solde positif ; la valeur des exportations est supérieure à la valeur des importations) ; signe : indicateur ; bonne santé économique : état prospère.

Problématique : l'excédent du commerce extérieur va-t-il de pair avec le dynamisme d'une économie ?

Plan : l'excédent est une réussite économique : oui (I) mais (II).

I. L'excédent commercial : un signe de bonne santé

A. Amélioration de la compétitivité d'une économie

1. Baisse des prix relatifs des produits nationaux par rapport aux produits étrangers
2. Meilleure qualité des produits
3. Appréciation de la monnaie (à terme)

B. Modernisation de l'économie

1. Rajeunissement de l'outil de production
2. Essor de l'innovation

II. L'excédent commercial : un signe de faiblesse

A. Insuffisance du marché intérieur

1. Consommation des ménages au plus bas
2. Investissements des entreprises freinés
3. Existence d'un décalage conjoncturel (fait, pour un pays, de connaître une croissance économique moins forte que celle de ses principaux partenaires)

B. L'origine de certaines faiblesses

1. Dépréciation de la monnaie entraînant une prime à l'exportation (dumping monétaire)
2. Enclenchement d'un cercle vicieux : pour obtenir des parts de marché à l'exportation, les entreprises baissent les prix en pratiquant une politique de rigueur salariale, en licenciant… ce qui réduit la demande intérieure. Les entreprises sont alors contraintes de se tourner vers les marchés étrangers, et c'est l'engrenage
3. Les excédents vis-à-vis du reste du monde sont placés à l'étranger au lieu de l'être dans le pays d'origine, ce qui aggrave le chômage
4. Dépendance à l'égard des autres pays

Conclusion

Synthèse : si un excédent commercial est souhaitable, cela n'est pas toujours un signe de bonne santé économique.

Ouverture : nécessité de prendre en considération les services et de raisonner en termes de compte de transactions courantes ; ne pas négliger les autres indicateurs (taux de couverture, termes de l'échange, part de marché).

Chapitre 3 - L'organisation des échanges internationaux

DOCUMENTS DE SENSIBILISATION

1. L'échec de La Havane

1. Le Fonds monétaire international (FMI) est une institution internationale créée par les accords de Bretton Woods (1944), chargée initialement de veiller au bon fonctionnement du SMI (notamment respect des parités, interdiction des dévaluations compétitives) et d'octroyer des crédits aux pays connaissant un déficit temporaire de leur balance des paiements. Aujourd'hui, le FMI exerce trois missions : la surveillance des politiques économiques des États membres, l'aide financière aux pays en développement (conditionnée à la mise en œuvre par ces pays de politiques d'ajustement structurel), l'assistance aux pays de l'Est dans leur transition vers l'économie de marché.

   La Banque mondiale (ou Groupe de la Banque mondiale) désigne la Banque internationale pour la reconstruction et le développement (Bird). C'est une institution financière créée par les accords de Bretton Woods, chargée initialement de contribuer à la reconstruction de l'Europe puis de financer les projets productifs des pays en développement. Elle possède deux filiales : la Société financière internationale (SFI), créée en 1960, spécialisée dans le financement des entreprises privées des PED, et l'Association internationale de développement (AID), fondée en 1956, qui accorde des prêts à des conditions privilégiées aux pays les plus pauvres. Les ressources de la Bird proviennent de son propre capital et des emprunts qu'elle lève sur les marchés internationaux de capitaux.

2. Le Congrès américain (réunion du Sénat et de la Chambre des représentants) a refusé de ratifier la charte de La Havane – créant l'Organisation internationale du commerce (OIC), institution spécialisée de l'ONU –, en raison de son attitude traditionnellement protectionniste (à noter que le mot « congrès » désigne aussi la durée d'une législature aux États-Unis, à savoir deux ans).

3. La différence entre un accord (Gatt) et une Organisation internationale du commerce (OIC) réside dans leur supranationalité. Avec une OIC, les principes garantissant la liberté et la loyauté des échanges sont mieux appliqués et surtout respectés. C'est un système fondé sur le droit et non sur les rapports de force.

2. L'objectif du Gatt

1. L'auteur veut parler des barrières tarifaires et non tarifaires aux échanges.

   « Les barrières tarifaires consistent à imposer un tarif douanier spécifique ou *ad valorem*. Dans le premier cas, le tarif est fixe et indépendant de la variation de la valeur de l'importable ; dans le second cas, il s'agit d'un pourcentage donné de la valeur de l'importable. [...]

   Les barrières non tarifaires. Il peut s'agir de restrictions quantitatives au sens strict : prohibitions, quotas, licences d'importation, monopoles publics, restrictions associées à l'accord multifibres, exigences de contenu local en composants... Il peut s'agir au contraire de mesures affectant les prix : contrôle des prix, prix minima, surveillance des prix, mesures *antidumping*, taxes compensatrices. Enfin, une « zone grise » comprend les licences, restrictions volontaires aux exportations, surveillance des importations et des prix » (L. Fontagné, *Ecoflash*, n° 95, février 1995).

2. On peut dire que le Gatt a été une réelle réussite pour les raisons suivantes :
   - le nombre de nations adhérentes ;
   - le volume du commerce mondial couvert ;
   - la baisse des tarifs douaniers moyens dans les pays industrialisés (40 % en 1940, 5 % en 1990).

3. Le Gatt n'a pas toujours été une évidence car, pendant longtemps, beaucoup de domaines étaient exclus des NCM (ex. : agriculture, textile-habillement, services, propriété intellectuelle...). De plus, en raison de la montée du chômage, certains pays ont adopté (ou adoptent) une politique protectionniste contraire à la règle de base du Gatt, la libéralisation des échanges. Ainsi, le Gatt n'a jamais essayé d'empêcher les États-Unis de recourir à la « section 301 ».

   Note : la « section 301 » américaine est un chapitre du Trade Act de 1974 (Buy American Act), grâce auquel les États-Unis peuvent prendre automatiquement des mesures de rétorsion unilatérales à l'égard de partenaires qu'ils jugeraient déloyaux et ce, sans avoir obtenu l'aval du Gatt.

Document 3, question 1

Gatt	OMC
Simple accord entre pays (parties contractantes).	Organisation internationale réunissant des membres.
Négociations limitées au commerce de marchandises.	Introduction de nouveaux domaines dans les négociations (ex. : agriculture, services, droits de propriété intellectuelle relative au commerce).
Règle du consensus.	Recours à la procédure de vote « un État, une voix ».
Règlement des différends reposant sur la loi du plus fort.	Existence de l'ORD plaçant les pays sur un même pied d'égalité.

3. *La nouvelle organisation mondiale du commerce*

1. Différences entre le Gatt et l'OMC. *Voir tableau page ci-dessus.*
2. L'OMC est devenue « le lieu privilégié des luttes d'intérêt que se livrent les grandes puissances industrielles » car c'est dans le cadre de cette enceinte que se déterminent aujourd'hui les règles du jeu commercial mondial.

4. *L'Organe de règlement des différends (l'ORD)*

1. La création de l'OMC marque l'émergence d'un droit international du commerce car cette organisation est compétente dans un grand nombre de domaines et est dotée d'une institution juridictionnelle efficace.
2. L'OMC signifie « le début de la fin de la loi du plus fort » car tous les pays sont sur le même pied d'égalité. Ils sont obligés de mettre en conformité leur législation nationale avec les textes de l'OMC ; ils sont tenus d'appliquer les décisions prises par l'organe de règlement des différends (ORD), sous peine de se voir appliquer des mesures de rétorsion.

   On voit ainsi se mettre en place un véritable multilatéralisme.
3. La création de l'ORD est une avancée pour les pays en développement car ils ont dorénavant la possibilité de s'opposer aux pays riches ; ils sont sur le même pied d'égalité. (Les PED ont gagné 17 panels contre 10 pour les États-Unis, 5 pour l'Union européenne et 2 pour le Japon.)

   Cependant, cette arme est à double tranchant ; en effet, les PED ne peuvent plus protéger leurs industries naissantes, et un certain nombre de plaintes déposées les concerne au premier chef (les PED ont perdu 7 panels, les États-Unis, 7 aussi, l'Union européenne, 3, et le Japon, 2).

   Par ailleurs, l'OMC demeure toujours influencée par les pays les plus puissants qui tendent à favoriser leurs économies et leurs entreprises. Enfin, certaines pratiques bilatérales – de la part des États-Unis et de l'Union européenne – continuent de perdurer au détriment des pays les plus pauvres. « Cette vision des relations commerciales conduit inéluctablement à une marginalisation des pays les plus pauvres, notamment en Afrique, pour lesquels rien n'est fait. Seuls les nouveaux pays industrialisés, en Asie ou en Amérique latine, parviennent à s'en tirer. » (Michel Rainelli, *Alternatives économiques*, n° 159, mai 1998).

5. *L'adhésion de la Chine à l'OMC*

1. La productivité est le rapport entre une quantité produite et le(s) facteur(s) de production utilisé(s) pour l'obtenir.

   Un produit à faible valeur ajoutée est un produit basique à bas coût.
2. Conséquences de l'entrée de la Chine à l'OMC. *Voir tableau ci-dessous.*

Document 5, question 2

	Effets positifs	Effets négatifs
Chine	Essor des investissements directs. Exportations facilitées. Meilleure productivité. Décollage économique. Accélération des réformes économiques.	Surcapacité de certains secteurs. Licenciements, chômage. Crise sociale.
Économies occidentales	Ouverture du marché chinois. Investissements directs et exportations facilités. Excédent commercial. Création d'emplois.	Chômage dans les secteurs exposés à la concurrence des bas salaires. Délocalisations.

6. *Mike Moore, directeur général de l'OMC*

1. Le niveau de vie est une notion quantitative désignant la consommation (mesurée à prix constants) par unité de consommation. Pour Jean-Paul Piriou, le niveau de vie dépend aussi « des services gratuits rendus par la détention d'un patrimoine plus ou moins diversifié et important (biens durables, culturels, résidence...), de l'accès à des services publics de qualité, etc. » (*Lexique de sciences économiques et sociales*, coll. Repères, La Découverte, 1999).

   On utilise le PIB en parité de pouvoir d'achat (PPA) par habitant pour mesurer les inégalités de développement. La pauvreté peut se mesurer de trois façons (*cf. Alternatives économiques*, n° 159, mai 1998) :
   - par le revenu : est considérée comme pauvre une personne qui perçoit moins de x francs (seuil absolu) ou qui perçoit moins de 50 % du revenu médian (seuil relatif) ;
   - par les conditions d'existence : est considérée comme pauvre une personne qui n'accède pas à un certain nombre de biens et services jugés indispensables ;
   - par l'approche subjective : est considérée comme pauvre une personne qui déclare que son revenu ne lui permet pas d'atteindre ce qu'il juge être le revenu minimal nécessaire.

2. Le libre-échange est la politique (et théorie) économique qui vise à supprimer toute entrave aux échanges internationaux.

   Les idéologues qui vantent le libre-échange sont les économistes libéraux : les classiques (A. Smith, D. Ricardo) et les néoclassiques (E. Heckscher, B. Ohlin, P. Samuelson).

   Le protectionnisme est la politique (et théorie) économique qui vise à protéger une économie nationale de la concurrence étrangère, au moyen de barrières tarifaires et/ou non tarifaires.

3. Si, historiquement, le libre-échange l'a emporté sur le protectionnisme en termes d'efficacité, il n'en demeure pas moins que la libéralisation des échanges n'est pas systématiquement un gage de succès. Pour Jean-Louis Guérin, économiste au Centre d'études prospectives et d'informations internationales (Cepii), « les études réalisées jusqu'à présent ne permettent pas en tout cas d'établir un lien indiscutable entre une libéralisation accrue des échanges et les performances en matière de croissance » (*Le Monde*, 23 novembre 1999).

   Certains économistes contestent même le libre-échange car ils considèrent que ce dernier ne peut se pratiquer qu'entre pays connaissant le même niveau de développement et qui jouent la même règle du jeu. Actuellement, les différences entre les pays – notamment en matière sociale – sont trop fortes et instaurent de fait une concurrence déloyale.

   Ils préconisent la constitution de grands blocs économiques régionaux (Amérique, Asie, Europe : la triade).

7. *Le nouveau cycle de NCM*

1. Exemples de barrières non tarifaires : les restrictions quantitatives à l'importation (quotas ou contingents), les normes, les subventions à l'exportation, les mesures concernant les investissements et liées au commerce ou TRIM : Trade Related Investement Measures (ex. : exigences de contenu local en composants, pourcentage de la production destinée à l'exportation...), les accords volontaires d'autolimitation, la préférence nationale.

   Exemples de barrières tarifaires : droits de douane spécifiques ou *ad valorem*.

2. Les subventions à l'exportation et les soutiens intérieurs faussent le commerce international car ils instaurent une concurrence déloyale, entraînant généralement des mesures de rétorsion de la part des autres pays.

3. L'approche européenne était basée sur le principe du *single undertaking* : « rien n'est acquis quand tout n'est pas acquis », alors que l'approche américaine reposait sur le principe du *early harvest* (calendrier différencié par sujet).

   Les Américains étaient favorables à des résultats à court terme dans l'agenda incorporé (technique dite des récoltes précoces), alors que les Européens étaient partisans d'un accord global ne se limitant pas à l'agenda incorporé (principe des récoltes tardives).

8. *L'échec de la conférence de Seattle*

1. La conférence ministérielle est l'instance suprême de l'OMC ; elle est composée des représentants (ministres) des États membres et se réunit, au moins tous les deux ans, pour faire à la fois le bilan du fonctionnement de l'organisation et préparer le programme de travail.

2. Les normes sociales, dans le commerce international, correspondent à l'imposition d'un minimum de règles en matière de travail (ex. : interdiction du travail des enfants et du travail forcé, liberté syndicale, respect de la négociation collective...).

3. Le fonctionnement de l'OMC a été critiqué à travers l'absence de transparence qui y règne, l'appropriation de l'organisation par un petit nombre de pays riches.

4. Les raisons de l'échec de la conférence de Seattle sont multiples :
- mauvaise préparation du dossier par l'administration américaine (à l'ouverture de la conférence, aucun accord sur le calendrier des négociations n'avait abouti) ;
- attitude inflexible des Américains en raison de la campagne électorale qui débutait dans leur pays ;
- divergences profondes entre les pays (notamment sur le dossier agricole) bloquant tout compromis ;
- opposition des pays du Sud à toute introduction de normes sociales et environnementales dans le commerce mondial ;
- pression des ONG (la société civile) et de leurs manifestants ;
- « la capacité de gestion du système OMC ne correspond plus à ses objectifs sans cesse croissants pour cause de globalisation » (*Le Figaro*, 7 décembre 1999) ;
- les nouveaux sujets abordés lors des négociations s'éloignent de plus en plus du caractère strictement commercial ; Laurence Tubiana, membre du Conseil d'analyse économique de Matignon, se demande s'il faut « aborder toutes les questions touchant à l'organisation des sociétés humaines par le seul critère des distorsions qu'elles engendent pour le commerce » ou bien « poser sur la table la réforme d'ensemble de l'architecture internationale » (*La Tribune*, 7 décembre 1999).

9. Les implications économiques des blocs commerciaux

1. La division internationale du travail (DIT) est la « répartition des différentes spécialisations entre tous les pays du monde » (J.-Y. Capul, Ol. Garnier, *Dictionnaire d'économie et de sciences sociales*, Hatier, 1999).

   Une économie d'échelle est la diminution du coût moyen (coût unitaire) obtenue grâce à une augmentation des quantités produites en raison principalement d'une meilleure répartition des coûts fixes.

2. Les deux grandes catégories d'effets économiques résultant d'accords régionaux sont :
- les effets statiques : effets de création d'échanges (on s'approvisionne là où le coût est le plus bas) et de détournement d'échanges (on s'approvisionne chez un partenaire qui ne pratique pas forcément le prix le plus bas) ;
- les effets dynamiques (changement du rythme de la croissance économique).

3. Les accords de commerce régionaux stimulent la croissance économique à travers les effets dynamiques qu'ils créent. (Ex. : économies d'échelle, diminution des prix, renforcement de la concurrence, dynamisation de l'investissement, amélioration de la compétitivité des entreprises).

10. Le sommet Europe-Amérique latine

1. En dehors du Mercosur, les autres accords économiques régionaux existant en Amérique du Sud sont les suivants (cf. *Le Monde*, Dossiers et documents, Les clés de l'info, n° 282, décembre 1999) :
   - le Caricom (Communauté et marché commun des Caraïbes). Créé en 1973, il rassemble les États anglophones de la mer Caraïbe (Trinité-et-Tobago, Jamaïque, Barbade, Bahamas, Grenade, Dominique, Saint-Kitts-et-Nevis, Sainte-Lucie, Saint-Vincent et les Grenadines, Antigua et Barbuda, Montserrat), plus le Bélize en Amérique centrale et la Guyana en Amérique du Sud. En 1992, les pays du Caricom ont mis en place un tarif extérieur commun (TEC) ;
   - le Pacte andin est l'accord conclu en 1969 par les pays du nord des Andes : Équateur, Colombie, Pérou, Venezuela et Bolivie (le Chili a quitté l'alliance en 1976, et le Pérou, en 1995). Le système andin d'intégration (SAI) constitué en 1996 se veut être le pendant de la Communauté européenne ;
   - le MCCA (Marché commun centraméricain). Né en 1960, il réunit cinq pays (Guatemala, Salvador, Honduras, Nicaragua, Costa Rica).

2. Une zone de libre-échange (ZLE) est une zone au sein de laquelle les marchandises circulent librement ; les barrières tarifaires et non tarifaires sont supprimées mais les pays membres conservent leur propre système douanier vis-à-vis des pays tiers.

3. L'enjeu véritable du sommet de Rio était, pour l'Union européenne, d'arriver à contrebalancer l'influence des États-Unis en Amérique latine.

ACTIVITÉS DE SYNTHÈSE

Consulter et exploiter la documentation économique

EUROPE/ÉTATS-UNIS : LES RAISONS DE LA COLÈRE

1. Pourquoi ça coince ?

1. Un décalage conjoncturel est, pour un pays, de connaître une croissance économique moins forte que celle de ses principaux partenaires. De ce fait, ses importations diminuent, alors que ses exportations augmentent (ou diminuent moins vite).

   La croissance (économique) est l'augmentation des richesses créées par un pays durant une longue période, généralement mesurée par des agrégats comme le PIB (produit intérieur brut) ou le RNB (revenu national brut). Le dumping est la pratique commerciale consistant à vendre un produit à l'exportation au-dessous de son coût de revient ou du prix normalement pratiqué dans le pays d'origine.

2. Le rôle d'importateur, en dernier ressort joué par les États-Unis, consiste à ce que seuls les États-Unis ouvrent leur marché afin de soutenir la croissance mondiale.

3. L'attitude des États-Unis s'explique par l'importance de leur déficit commercial (350 milliards de dollars en 1999) et la montée du protectionnisme à la veille de l'élection présidentielle.

2. La guerre de la banane

1. Les accords (on doit plutôt parler de la Convention) de Lomé sont les accords de coopération fondés sur le partenariat, signés en 1975, renouvelés quatre fois, entre la Communauté européenne et les pays du groupe ACP (Afrique, Caraïbes, Pacifique).

   La Convention de Lomé s'appuie sur quatre éléments : un système de préférence commerciale (libre accès au marché européen, sans réciprocité, pour la quasi-totalité des exportations ACP), un mécanisme de stabilisation des recettes d'exportation (Stabex et Sysmin) financé par le Fonds européen de développement (Fed), une aide au développement sous forme de dons, une bonne gouvernance (développement et consolidation de la démocratie et de l'état de droit, respect des droits de l'homme et des libertés fondamentales) (*cf.* chap. 8).

2. L'Europe a été condamnée dans la guerre de la banane, en raison du régime privilégié qu'elle accorde aux pays ACP au détriment des pays d'Amérique latine, dont la production et la commercialisation sont contrôlées par trois multinationales américaines (Dole, Chiquita et Del Monte).

3. L'unilatéralisme des États-Unis se traduit par le fait qu'ils prennent des sanctions à l'égard de l'Union européenne avant même que l'organe de règlement des différends de l'OMC ne rende son verdict.

   Les États-Unis disposent d'un arsenal juridique (section 301 et section « super 301 »), grâce auquel ils peuvent prendre automatiquement des mesures de rétorsion unilatérales à l'égard de partenaires qu'ils jugeraient déloyaux et ce, sans avoir obtenu l'aval de l'OMC. Il convient de noter que les Américains ont conditionné leur adhésion à l'OMC au maintien de ce dispositif législatif.

3. La face sociale cachée du conflit

1. L'Organisation internationale du travail (OIT) (ILO). Organisation internationale du travail (International Labour Organization). Siège : Genève. Directeur général : Juan Somavia (Chili, né le 21.4.1941), depuis 1997. Création : agence autonome de la SDN (1919), associée à l'Onu (1946). Organisation : membres : 174 États. Conférence internationale du travail annuelle avec, pour chaque État : 2 représentants du gouvernement, 1 des employeurs et 1 des travailleurs. Conseil d'administration, réuni 3 fois par an, de 56 membres élus pour 3 ans (28 membres gouvernementaux, dont 10 de droit, représentant les principales puissances industrielles ; 14 représentant les employeurs et 14, les travailleurs). Bureau international du travail (BIT) : créé en 1920 par Albert Thomas (1878-1932) constitue le secrétariat permanent. But : établir la paix par le progrès social et l'amélioration des conditions de travail. (D. et M. Frémy, *Quid 2000*, Éditions Robert Laffont, 1999).

2. Une firme multinationale est une entreprise nationale possédant ou contrôlant au moins une filiale de production à l'étranger.

3. Dans le conflit sur la banane, la CISL dénonce la concurrence déloyale pratiquée par les multinationales américaines lesquelles exploitent leur main-d'œuvre et ne respectent pas les recommandations de l'OIT ; en outre, la CISL dénonce le double langage des Américains qui œuvrent à Genève (siège du BIT : Bureau international du travail) pour promouvoir les « droits fondamentaux des travailleurs », mais qui les oublient aussi vite dès que sont en jeu les intérêts de leurs multinationales.

Questions de synthèse

1. Les principes de l'OMC sont ceux du Gatt, à savoir : le principe de non-discrimination (clause de la nation la plus favorisée, clause du traitement national), le principe de l'abaissement général et progressif des droits de douane, le principe de l'interdiction des restrictions quantitatives, le principe de l'interdiction du *dumping* et des subventions à l'exportation.
2. La libéralisation des échanges dans le cadre de l'OMC fait peur aux pays ACP car cela signifie pour eux la fin des avantages préférentiels que leur accordait l'Union européenne.

   Leurs exportations seraient alors compromises en raison de leurs prix plus élevés face à la concurrence internationale.
3. Les États-Unis sont libre-échangistes lorsque cela satisfait leurs intérêts ; ils n'hésitent pas, dans le cas contraire, à remettre en cause le multilatéralisme au profit d'une approche bilatérale des problèmes, nettement plus favorable pour eux, première puissance mondiale.

• Analyser une situation économique

RÉGIONALISME ET MULTILATÉRALISME

1. Le régionalisme est la constitution de zones de préférence à l'intérieur desquelles les pays s'accordent des avantages réciproques non étendus aux pays tiers. À terme, l'intégration économique est envisagée.

   Le multilatéralisme repose sur le principe de non-discrimination : un pays qui accorde un avantage à un autre pays doit l'étendre aux autres pays signataires de l'accord (clause de la nation la plus favorisée).

   Il convient de ne pas confondre régionalisme et régionalisation : « Le régionalisme exprime la volonté de définir des zones de préférence dans une perspective d'intégration économique et la régionalisation qui se réfère à la concentration, éventuellement « naturelle » des échanges à l'intérieur d'une certaine zone géographique. » (« L'économie mondiale », *Cahiers français*, n° 269, La Documentation française, 1995.)
2. Les États sont tentés de constituer des ensembles économiques régionaux en raison de la mondialisation de l'économie.

   Pour Philippe Moreau Defarges, « la mondialisation couvre l'ensemble des phénomènes – techniques, économiques, culturels, politiques – faisant de la terre un espace unifié et poussant l'humanité à se percevoir comme une. La notion de régionalisation s'applique aux réactions, aux démarches – spontanées ou méthodiques – visant à organiser une partie de la terre (par exemple un continent) et à affirmer sa spécificité, sa cohésion face au reste de la planète ». (« Ordre et désordre dans le monde », *Cahiers français*, n° 269, La Documentation française, 1995.)
3. La formation d'unions douanières et de zones de libre-échange n'est pas une violation des règles de l'OMC (principe de non-discrimination), en ce sens qu'on définit un membre de l'OMC selon son territoire douanier. Elle est autorisée par l'article XXIV du Code général du Gatt, repris par l'OMC, à condition que cela ne crée pas d'entrave ni de préférence à l'égard des pays tiers et que les barrières internes à ces blocs commerciaux soient totalement supprimées pour « l'essentiel des échanges ».
4. Le libre-échange généralisé peut être un danger pour les nations, dans la mesure où les pays ne sont pas au même niveau de développement.

   Pour M. Maurice Allais, prix Nobel d'économie en 1988, « la libéralisation totale des échanges et des mouvements de capitaux n'est possible, elle n'est souhaitable, que dans le cadre d'ensembles régionaux, groupant des pays économiquement et politiquement associés, de développement économique et social comparable » (*Le Figaro*, 10 mai 1999).

   Pour J.-M. Jeanneney, économiste, la théorie libre-échangiste « méconnaît cette réalité inéluctable que d'énormes inégalités existent entre richesses et puissances des entreprises et des États ». Sous l'alibi du respect des lois du marché, « les forts sacrifient volontiers les faibles ». (*50 fiches pour comprendre les débats économiques actuels*, Éditions Bréal, 1999).

• Développement structuré

Introduction

Définition : accord économique régional (entente entre plusieurs pays d'une même zone géographique visant à la libéralisation des échanges).

Problématique : quel bilan peut-on faire des accords économiques régionaux ?

Plan : les avantages (I) et les limites (II) de la mise en place des accords économiques régionaux.

I. Les avantages de la mise en place d'accords économiques régionaux

1. Effets statiques : effets de création d'échanges et de détournement d'échanges (*cf.* doc. 9, p. 49)

2. Effets dynamiques : changement du rythme de la croissance économique, économies d'échelle, diminution des prix… (cf. doc. 9)
3. Instrument d'intégration économique des pays voisins de la zone
4. Nécessité de s'adapter au défi de la mondialisation

II. Les limites à la mise en place d'accords économiques régionaux

1. Constitution de forteresses protectionnistes
2. Atteinte au principe du multilatéralisme
3. Frein à la mondialisation des échanges
4. Remise en cause de la souveraineté des États-nations

Conclusion

Synthèse : si la constitution d'espaces économiques régionaux peut être source de menaces, notamment à travers l'édification de forteresses, on note cependant que ces zones restent avant tout ouvertes sur les marchés mondiaux ; on est en présence d'une « mondialisation multipolaire » (*Le Monde*, Dossiers et documents, Les clefs de l'info, n° 282, décembre 1999).

Ouverture : de toutes les aires géopolitiques régionales, l'Union européenne est la forme la plus élaborée ; ce succès n'est-il pas la preuve de la nécessité d'un rapprochement culturel et politique des pays pour réussir toute union ?

Chapitre 4 - Marché des changes et Système monétaire international

DOCUMENTS DE SENSIBILISATION

1. Le rôle des gouvernements sur le marché des changes

1. Le gouvernement brésilien a procédé à une dévaluation du real.
2. La monnaie brésilienne a fait l'objet d'attaque spéculative, rendant difficile le maintien de la parité de la monnaie avec le dollar US.
3. Il semble que oui. Mais la monnaie reste fragile.

2. Le rôle des banques centrales sur le marché des changes

1. Une banque centrale est la banque nationale d'un pays.
2. La Banque de France en France.

   La Boj au Japon.

   La Fed aux États-Unis.
3.

Banques	**Politiques**
Fed	Hausse des taux d'intérêt
Boj	Maintien de sa politique
BCE	Légère baisse des taux d'intérêt

4. Une banque centrale est indépendante en théorie. Elle mène une politique indépendante, mais reste conforme aux grandes orientations gouvernementales.

3. Taux de change fixes et taux de change flottants (ou flexibles)

1. Les monnaies ont une parité fixe entre elles avec une petite marge de fluctuation.
2. Les monnaies s'apprécient librement les unes par rapport aux autres en fonction des lois du marché.
3. Les banques subissent les évolutions des taux de change (risque de change).
4. La BRI a défini un ratio d'évaluation de la santé financière des banques (ratio-cooke).

4. L'évolution du Système monétaire international

1. Le SMI doit permettre de réguler le système monétaire et d'aider les pays en difficultés monétaires.
2. 1944 : accords de Bretton Woods.

   15.08.1971 : suppression de la convertibilité du dollar.

   18.12.1971 : accord du Smithsonian Institute.

   7-8.01.1973 : accord de la Jamaïque.
3. La réponse à cette question dépend du sens que l'on donne au mot « système ».

   Si on le prend dans le sens d'un ensemble cohérent et organisé, la réponse est non.

   Si on part du principe qu'il s'agit juste d'un constat de l'existence d'une certaine façon de faire, la réponse est oui.

5. Euro et SMI

1. La conjoncture économique européenne est moins bonne que la conjoncture économique américaine.
2. La monnaie européenne est le reflet de plusieurs économies stables et avec un potentiel économique important. La baisse de l'euro n'est donc pas une source d'inquiétude.
3. **Inconvénients** :
   – abandon de la monnaie nationale ;
   – perte de pouvoir sur la politique nationale.

   Avantages :
   – stabilité de la monnaie ;
   – renforcement des liens au sein de l'UEE.

ACTIVITÉS DE SYNTHÈSE

Consulter et exploiter la documentation économique

LES FACTEURS DÉTERMINANTS DES TAUX DE CHANGE

1. Taux de change et santé économique

1. Il semble que, pour l'instant, il y ait un lien inversement proportionnel entre l'évolution des deux cours.
2. La croissance européenne est faible par rapport à la croissance américaine.
3. Un autre élément est à prendre en compte :
   – l'évolution des taux d'intérêt (rémunération des placements en monnaie nationale);
   – on s'attend à une baisse des taux en Europe.

2. Taux de change et taux d'intérêt

1. Le risque d'un placement est notamment son exposition à l'évolution défavorable de son cours (ou prix) entraînant une diminution de sa valeur.
2. Augmentation des taux d'intérêt ⇨ augmentation de la rentabilité des placements ⇨ augmentation des investisseurs internationaux ⇨ augmentation des conversions monétaires ⇨ augmentation des demandes en monnaie nationale ⇨ augmentation du taux de change.

   Le mécanisme inverse fonctionne aussi.
3. L'économie canadienne est très influencée par l'économie américaine du fait de sa proximité.

3. Taux de change et balance commerciale

1. La Chine connaît une dégradation de sa balance commerciale, avec d'une part une stagnation des exportations et, d'autre part, une augmentation des importations.
2. Le taux de change évolue notamment en fonction de la santé économique du pays, dont le solde de la balance commerciale est un indicateur.
3. La dévaluation rendra plus faciles les exportations et plus difficiles les importations.

4. Taux de change et spéculation

1. Un spéculateur décide en fonction de la rentabilité et des risques qu'il encourt. Il fait un arbitrage entre les deux nations.
2. Les revenus et intérêts des placements sont reçus en monnaie du pays. Le spéculateur doit veiller à ne pas tout perdre lors de la conversion dans sa monnaie.
3. La hausse des taux d'intérêt gêne l'obtention des crédits des agents nationaux et représente donc un frein à la consommation.

   La hausse du taux de change gêne les agents exportateurs du pays.

Questions de synthèse

1. Les facteurs déterminants du taux de change sont :
   – la situation économique et financière du pays;
   – la situation économique et financière du reste du monde;
   – la politique gouvernementale;
   – la stabilité politique du pays;
   – le rendement des placements (taux d'intérêt);
   – l'action des spéculateurs;
   – la politique de la banque centrale du pays.
2. La spéculation peut avoir deux effets sur le marché des changes :
   – un effet artificiel : création de mouvements artificiels des cours;
   – un effet amplificateur : les spéculateurs anticipent les mouvements des taux de change en fonction des informations.
3. L'ensemble des marchés des changes constitue le Système monétaire international.

Analyser une situation économique

PLACER SON ÉPARGNE SUR LE MARCHÉ DES CHANGES

1. American Express propose d'ouvrir un compte en dollar et ainsi de parier sur une évolution favorable des cours de change du dollar.

2.

Forces	Faiblesses
Bonne santé économique générale. Développement de l'investissement dans le secteur des hautes technologies. Développement de la consommation des ménages. La Bourse se porte bien.	Ralentissement industriel. Déficit du commerce extérieur. Faiblesse des investissements dans le secteur industriel.

3.

Forces	Faiblesses
Confiance dans l'euro. Développement de l'investissement dans les biens d'équipements.	Ralentissement industriel. Croissance relativement faible. Grande disparité au sein de l'Europe.

4. Il reste encore prudent d'investir une grande part des 10 000 francs en dollars (80 % de la somme) et de commencer à prendre position sur l'euro (20 % de la somme).

• Développement structuré

Introduction

Marché des changes : lieu de confrontation des offres et des demandes de devises et de détermination des cours des monnaies.

Liste des acteurs du marché des changes :
- ménages ;
- entreprises ;
- banques commerciales ;
- gouvernement ;
- banques centrales.

Précision du rôle de chacun (voir cours p. 65).

La banque centrale est l'organe de régulation indépendant.

Le principe d'indépendance de la banque centrale est un principe affirmé mais, dans les faits, la banque centrale reste très dépendante du gouvernement.

I. Le principe d'indépendance de la banque centrale

A. Un intervenant de poids par rapport aux autres

1. Le rôle des différents acteurs
2. La place de chacun

B. Un acteur indépendant

1. L'indépendance de principe
2. Le fonctionnement de la banque centrale

II. La dépendance politique de la banque centrale

A. Le respect de la politique gouvernementale

1. Politique économique
2. Politique monétaire

B. L'impossibilité d'agir face aux spéculations internationales

1. Le concept de spéculation
2. Les crises internationales

Conclusion

Sous le principe d'indépendance se cache souvent une dépendance politique de fait de la Banque centrale. En sera-t-il de même pour la Banque centrale européenne ?

Chapitre 5 - Politiques de change et Système monétaire international

DOCUMENTS DE SENSIBILISATION

1. L'effondrement de Bretton Woods

1. Un tel graphique compare l'évolution des devises étrangères exprimées en francs.

   Il est le reflet des événements économiques et des politiques menées.
2. Deux événements monétaires historiques sont cités :
   - 15.08.1971 : la suppression de la convertibilité du dollar en or ;
   - 8.01.1976 : accords de Kingston en Jamaïque.
3. Quatre principes :
   - convertibilité externe des monnaies entre elles ;
   - création du FMI ;
   - mise en place de change fixe ;
   - convertibilité du dollar en or.
4. Dès 1971, le dollar n'est plus convertible en or, les monnaies flottent les unes par rapport aux autres.

2. L'émergence de la monnaie unique : l'euro

1. L'euro doit devenir une grande monnaie de réserve internationale. L'Europe pourra parler d'une seule voix et donc avoir plus de poids au sein du SMI.
2. L'euro va jouer un rôle identique au dollar.
3. Un euro fort sera le reflet d'une économie solide en Europe d'où la nécessité d'améliorer la situation de l'emploi.

3. La crise du FMI

1. Le FMI a un rôle de « pompier des crises financières ». Il intervient en situation de crise et aide les pays concernés.
2. Le FMI a besoin d'argent : en effet, une partie des cotisations versées n'ont aucune valeur car en devise sans statut international.
3. Sans fonds, le FMI ne pourra plus jouer son rôle.

4. L'intervention des autorités polonaises sur le marché des changes

1. Points positifs :
   - importance de l'investissement direct ;
   - qualification de la main-d'œuvre ;
   - faible déficit budgétaire ;
   - faible dette publique ;
   - coût de production bas.

   Points négatifs :
   - augmentation du déficit commercial ;
   - augmentation des importations.
2. En fait, il pèse sur le zloty un risque principal et un risque secondaire :
   - le zloty risque d'être l'objet de spéculation ;
   - cette spéculation ne sera pas sans conséquences sur la création monétaire et donc l'inflation du pays.
3. Le gouvernement peut retarder la convertibilité totale de la monnaie et jouer sur le contrôle des changes.

   Il peut aussi jouer sur les taux d'intérêt.

5. L'intervention sur le marché des changes : la situation de l'euro

1. L'euro, monnaie unique, est le symbole d'économies très différentes et de politiques opposées.

   Chaque gouvernement a besoin de la compétence monétaire pour diriger et risque de « tirer la couverture à lui ».
2. Le conseil de l'euro a pour rôle de favoriser les débats et les prises de position communes.

6. La taxation des transactions en devises

1. L'idée de départ est de taxer les transactions de change afin d'aider les pays pauvres.
2.

Avantages	Inconvénients
• Financement des pays pauvres. • Prélèvement « juste » sur les spéculateurs. • Permet de dégager des fonds sans création d'impôts sur les particuliers.	• Comment prélever les fonds? • L'accord de tous les pays dans le monde est nécessaire. • Le consommateur ne va-t-il pas en payer le prix d'une façon ou d'une autre?

3. La spéculation fait naître un climat d'incertitude néfaste et crée des situations artificielles qui ne profitent qu'à certains.

ACTIVITÉS DE SYNTHÈSE

• Consulter et exploiter la documentation économique

LA CRISE DU FMI

1. Une institution dépassée

1. Le FMI n'a pas les compétences techniques pour remettre sur pied les systèmes financiers très complexes.

   Le FMI n'a pas le pouvoir ni la légitimité d'imposer ses réformes.
2. Il est concurrencé par de nombreuses institutions internationales comme celles de l'Union européenne.

2. Une institution critiquée

1. Les accords de Bretton Wood ont créé le FMI pour qu'il soit une **institution de régulation** (fournir des financements aux pays en difficulté).
2. Le FMI doit revenir à son rôle initial et ne pas chercher à devenir une **institution de contrôle**.
3. Il faut privilégier une logique de coopération entre les organismes internationaux.

3. Une institution ruinée

1. Le FMI reçoit des ressources des pays qui en sont membres soit environ 250 milliards de dollars par an.
2. Le ratio de liquidité mesure la santé financière du FMI et l'état de ses réserves financières pour intervenir.
3. L'impossibilité de jouer son rôle pleinement et de venir en aide aux pays en difficulté.

Questions de synthèse

1. I. Un organe essentiel dans le SMI

   A. La mission principale : l'aide aux pays

   1. Crise russe, asiatique
   2. Les plans d'aide

   B. La mission par extension : la régulation

   Notion de contrôle

   II. Un organe en crise et concurrencé

   A. Le FMI en crise

   1. Une institution contestée
   2. Une institution ruinée

   B. Le FMI concurrencé

   1. L'émergence de la BRI
   2. Le rôle des autres organes internationaux
2. Deux avenirs possibles pour le FMI :
   - se recentrer sur sa mission de base (l'aide aux pays en difficulté) ;
   - se voir doté de plus de pouvoir et de plus de moyens et devenir un véritable organe de contrôle.
3. Le FMI a joué un double rôle :
   - lutte contre la spéculation ;
   - attribution de fonds d'urgence d'aide à la Russie.

• Analyser une situation économique

LA POLITIQUE DE CHANGE EUROPÉENNE

1. L'euro se doit de devenir une monnaie forte et de réserve. L'objectif est de concurrencer le dollar.
2. La BCE n'aurait besoin dans l'avenir que de mener une politique discrète. La bonne santé économique de l'Europe devrait faire le reste. Il ne semble pas nécessaire d'augmenter les taux d'intérêt.
3. L'instrument principal reste le taux d'intérêt qui représente la rémunération des investisseurs.

   Pour le reste, il faut influencer la politique des États membres afin de maintenir les grands équilibres : déficit budgétaire, inflation, etc.

• Développement structuré

Introduction

Définition de la notion de système : ensemble cohérent de règles définissant les rapports entre les cours des différentes monnaies et assurant l'approvisionnement en liquidités internationales.

Les deux systèmes envisageables et envisagés sur le plan monétaire :
- changes fixes (parité fixe entre les monnaies dans certaines marges) ;
- changes flottants (liberté de cotation).

La situation actuelle peut-elle être qualifiée de système ?

I. Sur le plan de la régulation des cours entre les différentes monnaies

A. L'échec des taux de change fixe

B. L'échec de la convertibilité or

II. Sur le plan de l'approvisionnement en liquidité internationale

A. La crise du FMI

B. L'existence d'organismes concurrents

Conclusion

L'organisation monétaire internationale n'apparaît pas comme un ensemble cohérent de règles, mais plutôt comme le résultat d'une évolution chaotique.

Chapitre 6 - Les marchés internationaux de capitaux

DOCUMENTS DE SENSIBILISATION

1. Présentation des marchés de capitaux

1. Les offreurs de fonds ont des sommes d'argent à placer sur le marché des capitaux.

   Le marché des changes est le lieu d'échange entre offreur et demandeur de devises.

   L'euromarché (ou les euromarchés) représente l'ensemble des sommes en euros qui vont faire l'objet d'un placement.
2. Pour procéder à des placements sur le marché des capitaux, il faut procéder à des conversions en devises sur le marché des changes.
3. Les demandeurs de fonds ont des besoins en financement. Ils vont donc proposer des placements aux investisseurs (avec répétition) un taux de rémunération (taux d'intérêt). Ils peuvent faire appel à des fonds sur le marché national, les marchés étrangers et pour les euromarchés.
4.

Offreurs	**Demandeurs**
• Les fonds de pension. • Les banques. • Les établissements financiers.	• Les entreprises. • Les États.

2. Les chefs d'entreprises font appel aux fonds des petits épargnants

1. L'objectif principal du chef d'entreprise est de récolter de l'argent pour assurer le développement de l'entreprise. L'objectif secondaire est un objectif de notoriété.
2. L'objectif principal de l'épargnant est de réaliser un profit.
3. Les prévisions des entreprises sont gonflées pour attirer le maximum d'épargnants en laissant espérer une bonne marge de progression de la valeur des titres.
4. Le conseil est un conseil d'attente. Ne pas se précipiter à l'introduction en Bourse. Les comptes sont parfois surévalués.

3. La balance des paiements

1. Balance commerciale : différence entre les exportations et les importations de biens.

   Balance des invisibles : différence entre les exportations et les importations de services.

   Balance des capitaux : différence entre les entrées et les sorties de capitaux.

   Balance des paiements : comptabilisation de l'ensemble des soldes.
2. Le solde n'est pas apparent sur ce document mais, puisque la balance est équilibrée, le solde est de zéro.
3. D'un point de vue général, on constate un développement des échanges de la France avec l'extérieur (augmentation de tous les comptes).

   Les échanges sont positifs sur le plan des transactions courantes, mais restent négatifs du point de vue des investissements.

4. L'internationalisation du système bancaire français passe par le regroupement des banques

1. Société générale : logique de création d'un réseau multimarques + Paribas.
2. Le gouvernement ne peut intervenir directement car il s'agit de banques privées. Il peut toutefois essayer de favoriser les négociations.
3. Les banques françaises doivent faire face à la mondialisation.
4. Les OPA et OPE se sont soldées par des échecs respectifs. Ni la BNP, ni la Société générale ne se sont rachetées. Seule la BNP a réussi à prendre le contrôle de Paribas.

5. Marché financier : le grand fouillis

1. L'action est un titre représentatif de la propriété d'une part du capital social de l'entreprise.

   L'obligation est un titre représentatif d'un prêt accordé à l'entreprise.
2. Les prêteurs sont les investisseurs.

   Les emprunteurs sont souvent les États et les entreprises.
3. Les banques cherchent à attirer sans cesse de nouveaux prêteurs et donc créent de nouveaux produits financiers, rivalisant d'imagination sur les taux de rémunération et les indexations.

   Ces nouveaux produits participent à la spéculation générale et resserrent la mondialisation financière.

ACTIVITÉS DE SYNTHÈSE

• Consulter et exploiter la documentation économique

MARCHÉS FINANCIERS ET INTERNET

1. Le **cybertrading** *passionne les Américains*

1. *Trading on line* : opération de courtage en ligne.

   Broker : agent de courtage.

   Web : appellation globale pour Internet.
2. Le courtage en ligne permet l'achat et la vente d'actions plus simplement et à moindre frais.
3. Le courtage en ligne ne doit pas être pris comme un jeu. De plus, ce système peut être considéré comme une menace pour la santé financière car cela amplifie le phénomène de la spéculation.

2. L'information, moteur du boursicoteur, est sur Internet

1. L'information est à la base de la décision d'investissement pour l'épargnant.
2. Sur Internet, l'information est directement puisée à la source et pratiquement en temps réel.
3. L'actualisation est la base d'Internet. Il ne suffit pas d'être présent sur Internet, encore faut-il mettre à jour très régulièrement les informations pour que l'internaute revienne consulter le site.

   L'article critique le manque de mise à jour de certains sites boursiers.

3. Le courtage français en ligne

1. La rapidité de prise en compte des actes de vente et d'achat.

   Un prix de commission moins élevé (% sur les mouvements et frais de gestion et de garde).
2. La France est très en retard par rapport aux Américains mais ce retard tend à se combler (+ 15 % d'utilisateurs par mois).
3. Oui, déjà 60 000 investisseurs opèrent en ligne.

Questions de synthèse

1. L'information constitue la base de toutes les décisions d'investissement :
   - choix de l'investissement ;
   - arbitrage entre les valeurs ;
   - renseignements sur les sociétés et leurs résultats.

   Cette circulation d'information a même ses règles avec un gendarme, la COB (commission des opérations de bourse).
2. Marché des changes : lieu de rencontre des offreurs et des demandeurs de devises.

   Marché des capitaux : lieu de rencontre entre les offreurs et les demandeurs de capitaux.

   Le marché des changes permet de faire le lien entre les marchés de capitaux par le biais du mécanisme des conversions de monnaies.

• Analyser une situation économique

FAIRE DES PLACEMENTS FINANCIERS

1. Numéro de codification : 12 040.
   Classement par ordre alphabétique.
   Numéro de code à connaître pour acheter ou vendre.
   Cours en euros et en francs.
   Variations du cours (2 nombres).
   Cotation la plus haute et la plus basse sur 52 semaines (2 nombres).
   Dividendes versés l'année précédente (francs et euros).
   Date de détachement.
2. Dans les marques qu'ils connaissent et qu'ils aiment (Gap, Disney, McDonald's, etc.).
3.

Acteurs	Influences
Autorités monétaires	Analysent les marchés.
Autorités du marché	Contrôlent et surveillent les marchés.
Entreprises	Utilisent le marché pour dégager des fonds.
Intermédiaires	Cherchent à anticiper les mouvements boursiers.

4. et 5. Pas de correction-type (à voir avec chaque classe).

• Développement structuré

Introduction

Définition des marchés internationaux de capitaux : lieux de rencontre entre les prêteurs et les investisseurs.

Le choix de l'investissement et de la place financière se fait en fonction de la santé économique du pays et de la politique qui y est menée.

L'investissement est basé sur deux points essentiels : la confiance et la stabilité.

C'est sur ces deux critères que la politique économique nationale doit s'appuyer.

I. Politique économique et confiance

A. De l'influence du plein emploi
1. La notion de plein emploi
2. L'influence de la politique de l'emploi sur les placements

B. De l'influence de la stabilité des prix

1. La notion d'inflation
2. Trop ou pas assez d'inflation ?

C. De l'influence de la balance commerciale

1. Notion de balance
2. L'excédent commercial

II. Politique économique et rentabilité

A. De l'influence du taux d'intérêt

1. Le taux d'intérêt représente la rémunération du placement
2. Le taux d'intérêt représente le coût de l'endettement (faire un arbitrage entre les deux)

B. De l'influence du taux de change

1. La politique monétaire
2. L'indépendance de la banque centrale

Conclusion

Les gouvernements aimeraient bien avoir une influence sur les évolutions des marchés de capitaux. La plupart du temps, ils cherchent à comparer les évolutions qu'à les anticiper.

Thème 1 - Les forces et les faiblesses du commerce extérieur français

DÉBAT

Un niveau record d'excédent du commerce extérieur est-il un signe de bonne santé ?

1. Le commerce extérieur français présente un excédent de 160 milliards de francs (24,4 milliards d'euros).

   Cet excédent est moins dépendant de la conjoncture économique que par le passé car la facture énergétique est moins forte et une minorité des échanges se fait au sein de l'UEE (2/3 des échanges). Le maintien d'un excédent élevé témoigne aussi d'une amélioration structurelle de la compétitivité de l'économie française.

   Enfin, de nombreuses entreprises françaises sont présentes et en position sur les marchés émergents de demain.

2. L'excédent masque un certain nombre de réalités :
   - des disparités sectorielles ;
   - le manque de variété dans les partenaires commerciaux ;
   - l'absence d'ouverture ;
   - une grande dépendance face aux prix des matières premières.

3. Avantages :
   - avoir ses relations commerciales assurées ;
   - ne pas être dépendant des crises extérieures ;
   - renforcer l'Union européenne.

   Inconvénients :
   - ne pas être présent sur les marchés de demain ;
   - être dépendant de certaines relations commerciales.

POUR ALLER PLUS LOIN

1. Les échanges français sont essentiellement tournés vers l'Union européenne (63,2 % des exportations et 62,4 % des importations).

2. On peut distinguer deux périodes :
   - la période de crise (1988-1991) : déficits du commerce extérieur ;
   - la période de croissance (1992 à 2000) : excédents du commerce extérieur ; recherche de débouchés extérieurs face à une consommation nationale faible.

3. Le différend porte sur la politique d'aide aux exportations pratiquée par l'Union européenne.

   Le sujet en cause portait sur les bananes.

4. L'Union européenne représente 823 milliards de dollars, soit 19,7 % du total général. L'Europe est le premier exportateur mondial.

Partie 2

L'économie mondiale

Chapitre 7 - L'hétérogénéité de l'économie mondiale

DOCUMENTS DE SENSIBILISATION

1. L'IDH : une approche différente de la notion de développement

1. Plusieurs indicateurs intègrent le calcul de l'IDH : l'espérance de vie à la naissance qui témoigne du niveau de prophylaxie et des dépenses de santé du pays, le taux d'alphabétisation des adultes qui témoigne du niveau d'instruction et de scolarisation, et le PIB pondéré qui représente la richesse du pays.
2. et 3. L'ancien indicateur le PIB excluait l'élément humain pour approcher la richesse d'un pays. Le Pnud dans l'IDH a compris que la population représentait la richesse fondamentale d'un pays, en cela qu'elle était susceptible de créer de la richesse à condition qu'elle soit éduquée et soignée. J. Bodin avait raison d'affirmer : « Il n'est de richesses que d'hommes. »

2. La méthode des parités de pouvoir d'achat

1. La méthode des taux de change courants permet de calculer le PIB d'un pays. On comptabilise la production d'un pays dans la monnaie locale, après quoi on convertit les valeurs obtenues en dollars (au cours pondéré des trois dernières années).
2. La méthode du PIB/PPA permet d'affiner le calcul de la richesse d'un pays. Elle s'attache à comparer le prix d'un panier de biens de première nécessité en tenant compte du pouvoir d'achat dans le pays, ce qui permet de relativiser la richesse des pays les plus riches et la pauvreté des pays les plus pauvres.
3. Le calcul du PIB/PPA repose sur peu d'indicateurs en terme de pouvoir d'achat. Le panier de marchandises, même symboliques, du pays concerné ne reflète qu'une petite partie de la production.

3. Pauvreté et revenu : deux notions différentes

1. La pauvreté humaine se mesure à travers trois indicateurs : le pourcentage de la population disposant d'une espérance de vie inférieure à 60 ans, l'analphabétisation et les conditions de vie proposées aux populations en terme de santé (de nutrition, par exemple).
2. L'IDH fournit plusieurs fois des résultats étonnants qui bouleversent la hiérarchie mondiale en terme de classement. Ainsi, les États-Unis, pays le plus riche du monde, souffrent de très grandes disparités en terme de répartition de la richesse nationale.
3. Les disparités soulevées par le Pnud tiennent, dans les pays considérés, à une mauvaise répartition des ressources. Les fruits de la croissance semblent profiter à certains alors qu'une partie de la population continue de s'appauvrir.

4. La crise dans les pays en développement

1. Le progrès technique et l'intégration de l'innovation constituent le levier nécessaire au développement. Seuls, ils permettent de lever les capitaux nécessaires et d'élaborer des stratégies de développement.
2. Au XVIIIe siècle, la concurrence internationale se limitait à une douzaine de pays, et chacun pouvait se développer à son rythme. Aujourd'hui, le tiers-monde souffre de la concurrence des pays industrialisés et des pays en développement eux-mêmes.
3. Les modèles de développement tentés par certains pays du tiers-monde se sont révélés incapables de poser les bases d'un développement durable. Il semble obligatoire de passer par les étapes décrites par Rostow dans son modèle de développement ethnocentrique.

5. Dictature du prolétariat et mutation sociale

1. Les situations d'extrême pauvreté dans le tiers-monde sont caractérisées par toute une série d'indicateurs : la pauvreté monétaire (1,3 milliard d'individus vivent avec un revenu inférieur à un dollar par jour), les phénomènes de surmortalité infantile, de sous-nutrition ou de malnutrition entraînent des carences protéino-caloriques graves.
2. Certaines régions du monde souffrent d'une localisation géographique particulièrement défavorables (sécheresse extrême ou pluies diluviennes). Elles ne disposent d'aucune matières premières et n'occupe pas une position géostratégique privilégiée.

6. Les élus et les déçus de la transition

1. Les Peco ont entamé depuis plusieurs années une politique de restructuration efficace. Les

privatisations se sont révélées un succès pour l'économie et leurs liens commerciaux avec l'Europe de l'Ouest se sont accrus.

2. À l'inverse, les pays intégrés à la CEI n'ont pas effectué la transition vers les économies de marché, hypothéquant ainsi leur développement. La corruption, les malversations et l'absence d'autorité politique stable empêchent toutes réformes.
3. La crise russe déstabilise l'Europe de l'Est et décrédibilise les tentatives faites par les autorités internationales à l'égard du tiers-monde. Les pays en développement pâtissent de l'inefficacité de la communauté internationale à sortir la Russie de la crise.

7. Le réveil douloureux des dragons du Sud-Est asiatique

1. Les économies du Sud-Est asiatique avaient basé leur croissance sur une monnaie forte, liée au dollar américain, sur des investissements peu productifs et sur des projets spéculatifs, en particulier dans le secteur immobilier. Les bases de la prospérité se sont révélées fragiles.
2. Une période d'austérité drastique a permis au Sud-Est asiatique de renouer avec la croissance. Dévaluation des monnaies, diminution des importations, efforts à l'exportation, modération des salaires et restructuration du secteur bancaire ont été le gage d'un retour de la croissance dans ces économies.

ACTIVITÉS DE SYNTHÈSE

• Consulter et exploiter la documentation économique

LE SOUS-DÉVELOPPEMENT EST-IL UNE FATALITÉ POUR LE TIERS-MONDE ?

1. Pauvres parmi les pauvres

1. Les difficultés sont nombreuses et proviennent de sources différentes. Leur situation géographique, les problèmes liés à la malnutrition et à la sous-nutrition, les carences dans le système de santé, leur faible participation au commerce mondial.
2. Une prise en charge de la communauté internationale et un réel effort de restructuration mené à l'intérieur de ces pays leur donneraient la possibilité d'élaborer des plans de développement cohérents.

2. La crise dans les pays en développement

1. Les crises asiatique, russe et brésilienne sont à la base du tassement de la croissance de l'économie mondiale durant la période 1998-2000. Leur cause tient soit à une mauvaise gestion des affaires publiques (Russie/Brésil), soit à un modèle de développement spéculatif (Asie du Sud-Est).
2. Le ralentissement de la croissance mondiale a entraîné dans les pays développés un recentrage de leur activité, entraînant une chute des cours mondiaux des matières premières, cause de la crise traversée par les pays du tiers-monde.
3. L'économie mondiale renouant avec la croissance devrait permettre aux pays développés de servir de locomotive pour tirer les économies en développement vers une période de croissance nouvelle.

3. L'Afrique, continent de toutes les opportunités ?

1. L'Afrique reste, dans son immense majorité, constituée de pays où la corruption et les malversations administratives sont la règle, entraînant une gestion des affaires publiques pour le moins opaque.
2. Exigence de transparence, d'efficacité, de choix d'investissement rationnel.
3. Libéralisme et mondialisation ont besoin pour se développer d'un climat fort et sécuritaire, ce que l'Afrique ne leur fournit pas.

4. Les priorités stratégiques pour réduire le sous-développement

1. La mondialisation, c'est-à-dire la participation de tous les pays à la croissance, reste la seule voie pour l'ouverture des pays pauvres vers le développement par leur intégration dans le commerce mondial.
2. La communauté internationale se doit de restaurer à l'intérieur des pays du tiers-monde des conditions efficaces pour accéder un développement ; par exemple, l'annulation de la dette qui leur permettrait d'utiliser plus efficacement les recettes tirées de l'export.

5. L'avenir des pays en développement

1. Le paysage du tiers-monde s'est éclairci depuis quelques années, signale la banque mondiale. Ainsi ont été mises en place de nouvelles conditions plus opportunes pour assurer le développement : marchés plus ouverts, commerce mondial en progression, augmentation de l'investissement étranger.

2. L'économie mondiale qui progresse, les services aux pays en développement, récoltant plus de dix ans de réformes économiques, a accéléré leur développement, s'intégrant ainsi au commerce mondial plus efficacement.
3. Plans d'austérité, avec une diminution des importations, efforts à l'exportation, réassainissement des dépenses publiques, diminution de l'endettement.

Questions de synthèse

1. Les pays les plus pauvres ont traversé la crise depuis une dizaine d'années plus difficilement que les pays riches. Mis à l'écart du commerce mondial, ils ont beaucoup moins profité du dynamisme des échanges internationaux.
2. L'Afrique est un vaste réservoir de matières premières et d'hommes, et dispose ainsi d'atouts non négligeables en terme de croissance, à condition que la gestion des affaires publiques continue de se réassainir.
3. Les hommes dans le tiers-monde constituent la richesse essentielle. Son exploitation passe par des efforts d'éducation, de santé, de nutrition afin de préparer les populations à accéder en développement.
4. Le véritable levier de la croissance reste l'accumulation de capitaux. Ne disposant pas de ces derniers (recettes tirées de l'exportation insuffisante), le tiers-monde ne peut compter que sur l'investissement étranger pour se développer.
5. Leur intégration dans le commerce mondial leur permettrait d'accroître les recettes tirées de l'exportation et ainsi de disposer de capitaux nécessaires au développement. Il faudrait alors que les pays riches acceptent de rééquilibrer les termes de l'échange.

• Analyser une situation économique

LE SUD-EST ASIATIQUE : UN MODÈLE DE DÉVELOPPEMENT

1. Les bases du modèle s'appuient sur une remontée des filières, cette stratégie impliquait une participation active des investissements étrangers.
2. Les origines sont diverses : monnaies surévaluées liées au dollar, investissement immobilier spéculatif, secteur bancaire en faillite virtuelle et corruption administrative.
3. La reprise a été due à un réassainissement des finances publiques et privées, à des dévaluations en série, à une diminution des importations et à un effort important à l'exportation.
4. Cette réponse semble durable tant que les modérations salariales seront à l'ordre du jour et tant que ces pays accepteront d'ouvrir leur marché aux capitaux étrangers sans intention spéculative.
5. Il n'existe pas de prêt à porter du développement. Le Sud-Est asiatique a bénéficié de conditions particulièrement avantageuses (population nombreuse et éduquée, investissements étrangers, position géostratégique) que peu de pays du tiers-monde ont actuellement.

• Développement structuré

Introduction

Constat de la pauvreté

Diminution apparente depuis quelques années

Les efforts des pays (première partie)

Les efforts de la communauté internationale (deuxième partie)

I. Les efforts nationaux

A. Tentative de développements nationaux

B. Les limites les crises

C. Les solutions à ces crises

II. Les efforts de la communauté internationale

A. Les conférences du Pnud

B. L'annulation de la dette

C. Les prêts sans intérêt

Conclusion

La pauvreté subsiste.

Elle s'étend dans certaines régions.

Chapitre 8 - L'unification du marché européen

DOCUMENTS DE SENSIBILISATION

1. Les origines de l'Union européenne

1. Le Conseil de l'Europe, créé en 1949, est une organisation intergouvernementale distincte de l'Union européenne, regroupant quarante et un pays membres.

   Ses objectifs sont :
   - défendre les droits de l'homme et la démocratie pluraliste ;
   - favoriser la prise de conscience et la mise en valeur de l'identité culturelle européenne ;
   - rechercher des solutions aux problèmes de société (discrimination envers les minorités, xénophobie, intolérance, protection de l'environnement, clonage, sida, drogue, crime organisé, etc.) ;
   - développer la stabilité démocratique en Europe en soutenant les réformes politiques, législatives et constitutionnelles (Conseil de l'Europe, avril 1999).

2. L'Organisation du traité de l'Atlantique Nord, créée le 4 avril 1949 par le traité de Washington, regroupe aujourd'hui les pays fondateurs (Belgique, Canada, Danemark, États-Unis, France, Grande-Bretagne, Islande, Italie, Luxembourg, Norvège, Pays-Bas, Portugal) plus la Grèce, la Turquie, l'Espagne, l'ex-RFA (en 1955) et l'ex-RDA (en 1980). En 1999 ont adhéré la Hongrie, la République tchèque et la Pologne. Le but de l'Otan est la « défense du territoire des pays membres, sauvegarde des valeurs qu'ils ont en commun. Depuis 1990-1991, adaptation en raison des changements en Europe de l'Est » (D. et M. Frémy, *Quid 2000*, Éditions Robert Laffont, 1999).

   L'Union de l'Europe occidentale (UEO). Créée par le traité de Bruxelles du 17 mars 1948, modifié par les accords de Paris du 23 octobre 1954, elle est considérée comme le « bras armé » de l'Union européenne.

   L'UEO comprend aujourd'hui les États membres de l'Union européenne, sauf le Danemark, l'Irlande, l'Autriche, la Finlande et la Suède (qui ont le statut d'observateur) ; la Turquie, la Norvège et l'Islande sont des membres associés ; quant à la Pologne, la Hongrie, la République tchèque, la Slovaquie, la Bulgarie, la Slovénie, la Roumanie, la Lituanie, la Lettonie et l'Estonie, ce sont des associés partenaires.

   L'UEO a pour mission « d'élaborer et de mettre en œuvre les décisions et les actions de l'Union qui ont des implications dans le domaine de la défense » (article 17, paragraphe 3 du traité sur l'Union européenne modifié par le traité d'Amsterdam).

3. On peut caractériser la démarche suivie dans la construction européenne en la qualifiant de prudente. Il fallait réaliser l'Europe « par une série de décisions techniques, peu spectaculaires, créant une sorte d'engrenage sur la base de ce que Robert Schuman appelait des « solidarités de fait » (*Le Monde*, 13-14 juin 1999).

2. Le traité CEE

1. La différence entre un marché commun et une union douanière est l'existence (cas du marché commun) de politiques communes (agriculture par exemple) en plus de l'abolition des droits de douane et d'un tarif extérieur commun (union douanière).
2. Les obstacles aux échanges de marchandises sont de deux ordres : les barrières tarifaires et les barrières non tarifaires.
3. Le transfert de compétences consiste, pour un pays, à confier à un organisme supranational tout ou partie de ses prérogatives.

3. La politique agricole commune (PAC)

1. La productivité est le rapport entre une quantité produite et le(s) facteur(s) de production utilisé(s) pour l'obtenir.
   Le synonyme employé en agriculture est le rendement.
2. La PAC (« l'Europe verte ») a encouragé la surproduction et l'explosion des dépenses communautaires car, en raison des prix garantis, elle a poussé les agriculteurs à augmenter leur offre. Celle-ci a contribué à faire baisser les cours mondiaux et à exploser les dépenses au titre de la PAC.
3. Les réformes de la PAC vont dans le bon sens dans la mesure où elles permettent une redéfinition des charges de l'Union dans la perspective de l'élargissement ; elles contribuent à la réduction des excédents agricoles et visent à éviter les surproductions en Europe ; « [la PAC] cherche à introduire davantage d'équité entre paysans puisque les aides publiques qui ont profité surtout aux grandes exploitations céréalières, seraient désormais soit dégressives, soit plafonnées, en tout cas moins automatiques » (*Le Monde*, 21-22 février 1999). Elles intègrent

le concept de multifonctionnalité de l'agriculture; enfin, les réformes de la PAC s'inscrivent dans le cadre de l'OMC (après l'échec de Seattle, les discussions ont repris à Genève en janvier 2000 et devront aboutir à un compromis d'ici au 1er janvier 2004) (*cf. Alternatives économiques*, n° 180, avril 2000).

Note : dans le budget européen de 1999, les dépenses au titre du fonds agricole se sont élevées à 40940 millions d'euros sur un total de 96928,7, soit 42,2 %.

Les recettes, quant à elles, ont été de 85,5 milliards d'euros (*Le Figaro*, 3 mars 2000).

4. La Convention de Lomé

1. Les principes de l'Organisation mondiale du commerce (OMC) sont ceux du Gatt (General agreement on tariffs and trade) ou Agetac (Accord général sur les tarifs douaniers et le commerce) à savoir :
   - la non-discrimination (clause de la nation la plus favorisée, clause du traitement national);
   - l'abaissement général et progressif des droits de douane;
   - l'interdiction des restrictions quantitatives;
   - l'interdiction du *dumping* et des subventions à l'exportation.
2. La Convention de Lomé est en contradiction avec les principes de l'OMC car elle instaure des pratiques discriminatoires non conformes au principe de la clause de la nation la plus favorisée (un pays qui accorde un avantage commercial à un autre pays doit l'étendre immédiatement aux autres signataires de l'accord).
3. La création de zones de libre-échange entre l'Union européenne et les pays ACP semble être une gageure en raison de la faiblesse, à la fois institutionnelle et politique, des pays ACP pour mener à bien cette réforme.

   Note : en avril 2000, Cuba ne souhaitait plus signer la nouvelle Convention de Lomé.

5. L'Europe sociale

1. Le danger d'une Europe sociale fractionnée est qu'elle tourne le dos à l'idée même de l'Union basée sur l'harmonisation des politiques économiques.
2. Pour réaliser « l'Europe sociale concurrentielle », il faudrait instaurer des critères de convergence sociaux, comme on a pu le faire pour l'instauration de la monnaie unique.
3. La question des salaires est un élément déterminant de la politique macroéconomique communautaire parce qu'elle conditionne le niveau de la demande (optique keynésienne).

   Cependant, « bien que la majorité des États membres soient gouvernés à gauche, la vision libérale de l'économie et de la société prédomine » (*Le Monde*, 8 juin 1999); ainsi, la politique sociale communautaire demeure limitée et ce sont toujours les États membres qui ont en charge leur politique salariale respective.

   La régulation macroéconomique dans le cadre de l'Union devrait s'établir à travers la coordination des politiques budgétaires nationales (le budget européen ne peut pas être un instrument régulateur, compte tenu de sa modicité) et la politique monétaire de la BCE. Or, à l'heure actuelle, cela n'est pas le cas. Dans ces conditions, « l'ajustement à un choc symétrique passe(rait) alors, comme pour les chocs asymétriques, par les mécanismes du marché et, en particulier, par la flexibilité des salaires et des prix. » (*50 fiches pour comprendre les débats économiques actuels*, Éditions Bréal, 1999.)
4. On entend par vision fédérale de l'Europe une harmonisation totale des politiques économiques et sociales; certains parlent d'une fédération d'État-nations.

6. Le traité de Maastricht

1. On peut dire que le traité sur l'Union européenne « donne à la construction européenne une dimension nouvelle » car il permet de dépasser l'aspect purement économique jusqu'alors retenu et jeter les bases d'une union plus politique.
2. Les différentes étapes de l'Union économique sont les suivantes :
   - première étape : 1er juillet 1990 - 31 décembre 1993 : établissement de la libre circulation des capitaux et rapprochement des politiques économiques, notamment en ce qui concerne « la stabilité des prix et la situation saine des finances publiques » (titre VI, article 109 du traité de Maastricht);
   - deuxième étape : 1er janvier 1994 - 31 décembre 1998 : création de l'Institut monétaire européen (IME) qui cédera sa place à la Banque centrale européenne (BCE); obligation pour les pays de satisfaire aux critères de convergence (titre VI, article 104 C, 109 J du traité de Maastricht) pour l'adoption de la monnaie unique :
   - la réalisation d'un degré élevé de stabilité des prix; cela ressortira d'un taux d'inflation proche de celui des trois États membres, au plus, présentant les meilleurs résultats en matière de stabilité des prix (concrètement, le taux d'inflation au cours de la période d'un an précédant l'évaluation ne doit pas être supérieur

de plus de 1,5 point au taux d'inflation de trois pays de l'UE les mieux placés en la matière);
- le caractère soutenable de la situation des finances publiques (le déficit et la dette publics ne doivent pas dépasser respectivement 3 % et 60 % du PIB) à moins que les rapports n'aient diminué de manière substantielle et constante et atteint un niveau proche des valeurs de référence, ou que le dépassement des valeurs de référence ne soit qu'exceptionnel et temporaire et que les rapports restent proches des valeurs de référence;
- le respect des marges normales de fluctuation prévues par le mécanisme de change du SME pendant deux ans au moins, sans dévaluation de la monnaie par rapport à celle d'un autre État membre;
- le caractère durable de la convergence atteinte par l'État membre et de sa participation au mécanisme de change du SME, qui se reflète dans les niveaux des taux d'intérêt à long terme (les taux d'intérêt nominaux moyens à long terme au cours de la période d'un an précédant l'évaluation ne doivent pas être supérieurs de plus de 2 points à la moyenne des trois pays ayant le plus faible taux d'inflation).

En outre, les banques centrales nationales doivent devenir indépendantes des gouvernements des États membres (pour la France, loi du 4 août 1993) et il leur est interdit toute forme de financement des administrations publiques.

- troisième étape : le 1er juillet 1999 correspond au passage à la troisième phase de l'UEM :
  - fixation irrévocable et définitive des taux de conversion des monnaies participant à l'UEM en euro;
  - l'euro devient la monnaie européenne;
  - entrée en fonction de la Banque centrale européenne (BCE) et du Système européen des banques centrales (SEBC);
  - passage des marchés financiers à l'euro;
  - disparition des monnaies nationales au plus tard le 1er juillet 2002.

7. *La citoyenneté européenne*

1. On entend par citoyenneté « une identité juridico-politique dont les effets se manifestent aussi hors de ce territoire : le citoyen jouit de la protection et des services de l'État dont il est membre grâce aux ambassades et aux consulats. » (M. Gaille, *Écoflash*, n° 135, février 1999). La citoyenneté se traduit normalement par des droits (ex. : droit de vote) et des devoirs (ex. : obligations de payer des impôts). Pour être citoyen de l'Union européenne, il suffit d'avoir la nationalité d'un État membre. Toutefois, l'article 17 du traité d'Amsterdam précise bien que « la citoyenneté de l'Union complète la citoyenneté nationale et ne la remplace pas ». Les citoyens bénéficient de certains droits (cf. 2e); leurs devoirs sont ceux prévus par le traité d'Amsterdam (article 17, paragraphe 2). Toutefois, jusqu'à présent, la citoyenneté européenne n'impose aucun devoir. Pour Philippe Moreau Defarges (« Citoyenneté et société », *Cahiers français*, n° 281, la Documentation française, 1997), la citoyenneté européenne ne peut se réaliser que dans un ensemble réunissant trois dimensions : une communauté de sécurité, un espace de solidarité et une légitimité politique. Force est de constater que l'Union européenne n'est pas parvenue à un tel stade.
2. Les droits spécifiques octroyés à tout citoyen membre de l'Union européenne sont les suivants (2e partie, articles 8, 8A, 8B, 8C, 8D, 8E du traité de Maastricht, articles 17 à 22 du traité d'Amsterdam) :
   - droit de circuler et de séjourner librement sur le territoire des États membres;
   - droit de vote et d'éligibilité aux élections municipales, aux élections au Parlement européen dans l'État membre où le citoyen de l'Union réside, même s'il n'en est pas ressortissant;
   - bénéficier sur le territoire d'un pays tiers où l'État membre dont on est ressortissant n'est pas représenté, de la protection de la part des autorités diplomatiques et consulaires de tout État membre, dans les mêmes conditions que les nationaux de cet État;
   - droit de pétition devant le Parlement européen, à titre individuel ou en association avec d'autres citoyens, sur un sujet relevant des domaines d'activité de la Communauté ou qui le concerne directement;
   - droit de s'adresser au médiateur;
   - droit d'écrire à toute institution (Parlement européen, Conseil, Commission, Cour de justice, Cour des comptes) ou au médiateur dans l'une des langues suivantes (allemand, français, italien, néerlandais, anglais, danois, espagnol, finnois, grec, islandais, portugais et suédois) et de recevoir une réponse rédigée dans la même langue (droit à l'information).

   « Tout citoyen de l'Union et toute personne physique ou morale ayant son siège dans un État membre a un droit d'accès aux documents du Parlement européen, du Conseil de l'Union européenne et de la Commission européenne, dans la limite des raisons d'intérêt public ou privé » (Sources d'Europe, Centre d'information sur l'Europe, *Fiches Europe*, n° QR 000517, 22 septembre 1999).

Note : le médiateur européen est nommé par le Parlement européen après chaque élection pour les cinq ans de la législature. Son mandat est renouvelable. Il est choisi parmi les personnalités de l'Union européenne.

Son rôle est de « recevoir les plaintes émanant de tout citoyen de l'Union ou de toute personne physique ou morale résidant ou ayant son siège statutaire dans un État membre relatives à des cas de mauvaise administration des institutions ou organes communautaires, à l'exclusion de la Cour de justice et du tribunal de première instance dans l'exercice de leurs fonctions juridictionnelles » (article 138 E du traité de Maastricht ou 195 du traité d'Amsterdam). Le médiateur actuel est le finlandais Jacob Söderman reconduit dans ses fonctions en juillet 2000.

8. Agenda 2000

1. Le produit national brut (PNB) est égal au produit intérieur brut (PIB), plus les revenus de facteurs reçus du reste du monde, moins les revenus de facteurs versés au reste du monde.

   Aujourd'hui, dans le cadre du Système européen des comptes, version 1995 (SEC 95), le PNB est remplacé par le revenu national brut aux prix de marché. « Le PNB est donc égal au PIB moins la rémunération des salariés, les revenus de la propriété et les impôts sur la production (nets de subventions) versés au reste du monde (RDM), plus les revenus analogues reçus du RDM (ce sont les institutions de l'Union qui expliquent que des impôts soient versés au RDM et que des subventions en soient reçues) » (J.-P. Piriou, *La Comptabilité nationale*, coll. « Repères », La Découverte, 1999).

   Le PNB qui « n'existe plus comme agrégat officiel, mais l'appellation conserve une notoriété considérable », (J.-P. Piriou, *op. cit.*) de l'Union européenne – des Quinze – s'élève à 8 280,4 milliards de dollars (États-Unis = 7 921,3) (*Bilan du monde*, édition 2000).
2. L'enjeu des négociations sur l'Agenda 2000 était la réforme de cadre financier de l'Union européenne dans l'optique de son élargissement aux pays de l'Est, à Chypre, à Malte et à la Turquie.
3. Les problèmes ne sont pas seulement d'ordre économique ; les enjeux politiques entrent aussi en ligne de compte. En effet, dans la perspective de l'élargissement de l'Union européenne, une révision des institutions communautaires s'avère indispensable. Prévue par le traité d'Amsterdam, elle n'avait pu aboutir. La conférence intergouvernementale (CIG) ouverte le 14 février 2000 a été chargée de cette révision. Trois questions laissées sans réponse devront être résolues : « la composition de la Commission européenne, la repondération des voix attribuées à chaque État membre et l'extension des cas de vote à la majorité qualifiée en Conseil des ministres » (La Lettre du Gouvernement, n° 83, 24 février 2000). En outre, le principe de la coopération renforcée, (« si une majorité d'États membres souhaite aller plus loin dans la coopération et l'intégration sans attendre un consensus entre les Quinze, elle peut le faire en choisissant le mécanisme de la "coopération renforcée". Celle-ci permet d'approfondir la construction européenne, malgré l'absention volontaire ou forcée d'une minorité d'États membres (à l'image de ce qui s'est passé pour la monnaie unique). Toutefois, le lancement du mécanisme doit obtenir l'aval des Quinze » (*7 jours Europe*, mars 1999) devrait être facilité.

9. Le traité d'Amsterdam

1. Une politique économique « désigne l'ensemble des mesures prises par l'État pour modifier l'affectation des ressources, réguler la conjoncture et redistribuer le revenu national » (Découverte de l'économie. 1. Concepts et mécanismes, *Cahiers français*, n° 279, janvier-février 1997).

   Elle englobe deux composantes : l'une conjoncturelle et l'autre structurelle. Les instruments de la politique conjoncturelle sont aujourd'hui la politique monétaire et la politique budgétaire, leur combinaison formant la *policy mix*.
2. L'Europe doit « mieux faire entendre sa voix » afin de mieux pouvoir jouer le rôle auquel elle peut prétendre.
3. Il faut modifier les institutions en vue de l'élargissement de l'Union européenne pour éviter leur paralysie et augmenter leur efficacité ; il s'agit aussi de renforcer la démocratie afin de combler le « déficit démocratique » dont souffre l'Europe.
4. La France ne pouvait ratifier le traité d'Amsterdam que d'une seule façon : le vote par le Parlement du projet de loi de ratification.

   Cette ratification ayant exigé au préalable une révision de la Constitution (décision du Conseil constitutionnel en date du 31 décembre 1997), il a fallu tout d'abord que l'Assemblée nationale et le Sénat votent le texte de la révision constitutionnelle en termes identiques. La révision fut alors définitive par le vote du Parlement réuni en congrès à Versailles (la voie du référendum ne fut pas choisie, contrairement, à septembre 1992 lors de la révision de la Constitution en vue de la ratification du traité de Maastricht), le 18 janvier 1999 avec 758 voix pour et 111 voix contre.

10. Une Europe vieillissante

1. Le vieillissement de la population est l'augmentation du pourcentage de personnes âgées (ex. : de 65 ans et plus) dans la population totale.

   « La part des 60 ans et plus dans la population totale de l'Union européenne devrait atteindre 34 % en 2050, contre 21 % actuellement. De même, la proportion des 80 ans et plus devrait passer à 10 % contre 4 % aujourd'hui. Deux éléments expliquent ce phénomène : la baisse du nombre des naissances au cours des vingt ou trente dernières années et l'allongement de l'espérance de vie » (*Le Monde*, 1er février 2000).

2. Le vieillissement de l'Europe peut être dangereux car :
   - il affaiblit la capacité d'imagination, d'innovation et, à terme, la compétitivité de l'Europe (thèse d'Alfred Sauvy) ;
   - il risque de mettre en péril les régimes de protection sociale (augmentation des dépenses de santé) et en particulier le financement des retraites ;
   - il contribue à diminuer l'influence de l'Europe dans le monde ;
   - il ralentit la croissance économique. Pour J. Bichot et M. Godet, cités par *L'Expansion*, n° 592, 4-17 mars 1999 : « il n'existe pas d'exemple de pays connaissant et une croissance durable, et une régression démographique » ;
   - il se traduit par une baisse du niveau de vie (selon l'OCDE, 18 % sur la période 1998-2000). Pour Emmanuel Todd, chercheur à l'Ined et économiste, le vieillissement démographique menace l'euro ; pour lui « les chocs qui menacent la monnaie unique ne seront pas principalement « exogènes », induits par des forces extérieures de type réunification allemande, mais « endogènes », effets d'une pesée démographique négative, inégale, irrésistible. Comment imaginer une gestion monétaire centralisée et une convergence budgétaire quelconque si c'est au prix d'une adaptation différentielle des nations à la chute de la natalité ? » (*L'Expansion*, n° 586, 3-16 décembre 1998).

3. Pour éviter un vieillissement de la population européenne, différents moyens peuvent être envisagés :
   - développement des politiques sociales afin que les couples puissent concilier une vie familiale et un travail rémunéré ;
   - favoriser le travail féminin ;
   - accentuer l'employabilité des actifs âgés ;
   - faire appel à la main-d'œuvre immigrée. « À en croire les démographes de la division de la population des Nations-Unies, afin de maintenir l'équilibre actuel moyen de quatre à cinq actifs pour un retraité, l'Union européenne devrait ouvrir ses portes, d'ici à 2025, à 159 millions de travailleurs immigrés ! Ne serait-ce que pour maintenir le nombre des actifs au niveau où il était en 1995, l'UE a besoin d'importer une main-d'œuvre de 35 millions d'immigrés. » (*Le Monde*, 6 janvier 2000).

   Rien que pour la France, si elle « voulait maintenir le rapport actuel entre actifs (15-64 ans) et retraités, soit 4,1 actifs pour chaque personne âgée de plus de 65 ans, il faudrait alors faire venir en France 1,7 million d'immigrés par an, soit 93,7 millions d'ici à 2050. Les immigrés et leurs descendants représenteraient les deux tiers de la population totale de 187 millions de personnes. Avec une immigration zéro, il n'y aurait plus que 2,2 actifs pour chaque retraité » (*Le Monde*, 22 mars 2000).

11. Le niveau de vie européen

1. L'organisation européenne de coopération économique (OECE) a été créée le 16 avril 1948 afin de gérer l'aide américaine accordée aux pays européens dans le cadre de leur reconstruction (plan Marshall ou ERP : European Recovery Program). L'OECE a été remplacée par l'OCDE (Organisation de coopération et de développement économiques) le 30 septembre 1961, suite à la convention portant mention de la création de l'OCDE signée le 14 décembre 1960. Comprenant vingt-cinq États (Europe : pays de l'Union européenne, Islande, Norvège, Suisse, Turquie ; Amérique : États-Unis, Canada, Mexique ; Océanie : Australie, Nouvelle-Zélande ; Asie : Japon), cette organisation dont le siège est à Paris est surnommée « le club des pays riches » ; l'essentiel de son activité est consacré à l'analyse de la situation économique des États membres.

2. Le calcul du PIB mesuré sur la base des parités de pouvoir d'achat (PPA) permet, afin de faciliter les comparaisons internationales, d'éliminer les différences de niveau de prix entre pays. On compare les pouvoirs d'achat des monnaies. « Le principe est simple : on compare directement les niveaux de prix entre pays, de la même façon que l'on compare les niveaux de prix entre deux périodes dans un même pays lorsqu'on calcule un indice de prix. En pratique, les prix d'un échantillon représentatif de biens sont relevés

dans chaque pays, prix qui permettent de calculer des parités de pouvoir d'achat, les PPA » (D. Teman, *Écoflash*, n° 143, décembre 1999).

3. Si ce type de classement est plus révélateur que celui fondé sur les productions réalisées, il présente néanmoins certaines lacunes :
   - absence d'indication sur le bien-être de la population ;
   - aucune connaissance de la distribution des richesses (problème des inégalités).

Note : selon la Commission économique de l'Onu, « le produit national brut moyen par habitant dans l'Europe occidentale, calculé par la méthode de la parité des pouvoirs d'achat, est tombé en 1998 à 61 % du PNB moyen aux États-Unis, contre 65 % en 1990 » (*Les Echos*, 3 mai 2000).

• Consulter et exploiter la documentation économique

LES FINANCES DE L'UNION

1. Recettes et dépenses du budget européen

1. La finalité des fonds structurels et de cohésion est le renforcement de la cohésion économique et sociale de l'Union ; il s'agit de « réduire l'écart entre les niveaux de développement des diverses régions et le retard des régions ou îles moins favorisées, y compris les zones rurales » (article 158 du traité d'Amsterdam).

   Les fonds structurels sont au nombre de quatre : le Feoga (Fonds européen d'orientation et de garantie agricole, section orientation) est chargé de l'amélioration des structures de production et du développement rural ; le FSE (Fonds social européen) « vise à promouvoir à l'intérieur de la Communauté les facilités d'emploi et la mobilité géographique et professionnelle des travailleurs, ainsi qu'à faciliter l'adaptation aux mutations industrielles et à l'évolution des systèmes de production, notamment par la formation et la reconversion professionnelle » (article 146 du traité d'Amsterdam) ; le Feder (Fonds européen de développement régional), « est destiné à contribuer à la correction des principaux déséquilibres régionaux dans la Communauté par une participation au développement et à l'ajustement structurel des régions en retard de développement et à la reconversion des régions industrielles en déclin » (article 160 du traité d'Amsterdam) ; l'Ifop (Instrument financier d'orientation de la pêche) est en charge de l'amélioration des structures de la pêche.

   Le fonds de cohésion, créé en 1993, « contribue financièrement à la réalisation de projets dans le domaine de l'environnement et dans celui des réseaux transeuropéens en matière d'infrastructure des transports » (article 161 du traité d'Amsterdam). Seuls les quatre pays les plus pauvres de la Communauté en bénéficient (Grèce, Espagne, Islande et Portugal). Les fonds structurels participent à la réalisation de six objectifs, le premier d'entre eux étant le plus important en termes financiers :
   - objectif n° 1 : promotion du développement et de l'adaptation structurelle des régions en retard de développement ;
   - objectif n° 2 : reconversion des régions, des régions limitrophes ou des sous-régions (y compris les bassins d'emploi et les zones urbaines à très forte concentration de population) qui souffrent d'un important retard de développement industriel ;
   - objectifs n°s 3 et 4 : lutte contre le chômage de longue durée (objectif n° 3) et aide à l'insertion professionnelle des jeunes (objectif n° 4) ;
   - objectif n° 5 : adaptation accélérée des structures agricoles (objectif n° 5 a) et promotion du développement des zones rurales (objectif n° 5b) ;
   - objectif n° 6 : aide aux régions à très faible densité de population.

   (K.D. Borchardt, *L'unification européenne*, Office des publications officielles des Communautés européennes, 1995).

2. La contribution nette est égale à la contribution au budget européen versée par un pays moins ce qu'il perçoit en retour (au titre de la politique agricole commune et des fonds structurels et de cohésion).

3. Les pays « contributeurs nets » (en 1997) les plus importants ont été l'Allemagne (– 10 943,5 millions d'euros) et les Pays-Bas (– 2 276,2 millions d'euros).

4. La France est le deuxième pays verseur et le cinquième pays contributeur (sur un total de sept pays) ; sa contribution nette s'élève à 4,42 % du total (alors que l'Allemagne contribue pour près de 62 % aux sommes versées aux États de l'Union européenne).

   On remarquera que les paiements au titre de la PAC reçus par la France représentent 73,75 % de ses retours (aides agricoles et fonds structurels et de cohésion).

2. Le budget européen

1. Les droits de douane sont les taxes perçues sur les importations de biens. Les droits de douane, qui sont des barrières tarifaires, peuvent se présenter sous deux formes, selon M. Rainelli :
   « – le tarif spécifique est un droit fixe par unité de bien importée (par exemple, trois francs par baril de pétrole);
   – le tarif *ad valorem* est un pourcentage de la valeur du bien importée (par exemple, 20 % du prix d'une automobile).
   Dans les deux cas, l'effet est le même : le prix des biens importés est renchéri sur le territoire et les productions nationales sont favorisées (la concurrence des importations devient moins forte). » (M. Rainelli, *L'Organisation mondiale du commerce*, coll. « Repères », La Découverte, 1999).
   Le PNB (produit national brut) est égal au PIB (produit intérieur brut), plus les revenus de facteurs reçus du reste du monde, moins les revenus de facteurs versés au reste du monde. Le PNB est aujourd'hui remplacé, dans le Système européen des comptes, version 1995 ou SEC 95, par le revenu national aux prix du marché dont la définition est la même que celle du PNB. Ainsi donc, le PNB n'est plus un agrégat officiel « mais l'appellation conserve une notoriété considérable » (J.-P. Piriou, *op. cit.*).
2. Les principes de la politique agricole commune (PAC) sont les suivants :
   – l'unité de marché (libre circulation des produits agricoles et unicité de leurs prix);
   – la préférence communautaire;
   – la solidarité financière.
   « La PAC a pour but :
   a) d'accroître la productivité de l'agriculture en développant le progrès technique, en assurant le développement rationnel de la production agricole ainsi qu'un emploi optimum des facteurs de production, notamment de la main-d'œuvre;
   b) d'assurer ainsi un niveau de vie équitable à la population agricole, notamment par le relèvement du revenu individuel de ceux qui travaillent dans l'agriculture;
   c) de stabiliser les marchés;
   d) de garantir la sécurité des approvisionnements;
   e) d'assurer des prix raisonnables dans les livraisons aux comsommateurs » (article 33 du traité d'Amsterdam).
3. Les contributions des États membres ont tendance à augmenter en raison du fait que les ressources du budget européen sont automatiques (ressources propres) et que, parmi ces ressources propres, deux d'entre elles sont liées à l'activité économique. En effet, la troisième ressource correspond à une fraction de la TVA perçue par les États membres (1 % en 2000 contre 1,24 % auparavant); quant à la quatrième ressource – la plus importante –, elle dépend du PNB de chaque État. Toutefois, lors du Conseil européen d'Edimbourg (11-12 décembre 1992), un accord sur un « deuxième paquet de mesures structurelles et financières » (Paquet Delors II) a limité l'augmentation des ressources propres à un plafond fixé à 1,27 % du PNB communautaire.
4. À l'avenir, le calcul des ressources propres s'effectuera, conformément à l'Agenda 2000 adopté par le Conseil de Berlin (24-26 mars 1999), beaucoup plus à partir du PNB de chaque État membre que des recettes de TVA. En effet, la part des ressources de TVA devra être réduite de moitié en deux étapes : 2002 et 2004.

3. Un budget à cordon serré

1. La politique monétaire est l'ensemble des mesures prises afin de réguler le niveau de la masse monétaire. Une monnaie unique est une monnaie adoptée dans le cadre d'une union monétaire. Pour l'Union européenne, il s'agit bien évidemment de l'euro et ce, depuis le 1er janvier 1999.
   Un choc conjoncturel est une perturbation économique imprévue, temporaire ou permanente, affectant ou dopant un pays ou une zone géographique.
   « Dans le cadre des unions économiques et monétaires comme l'Europe des Onze, on distingue deux types de chocs selon qu'ils touchent tous les pays à la fois (on parlera alors de choc symétrique), ou qu'ils ne touchent qu'un pays ou un secteur d'activité (on parlera alors de choc asymétrique). La crise asiatique de 1997 peut être rangée dans la première catégorie, alors que la réunification allemande appartient à la seconde » (*Le Monde*, 12 janvier 1999).
2. Le pacte de stabilité (et de croissance) a été adopté par le Conseil européen de Dublin (Irlande) des 13 et 14 décembre 1996 et annexé au traité d'Amsterdam. C'est un accord de discipline budgétaire entre les pays participant à l'euro. C'est en quelque sorte le « règlement intérieur » de la zone euro.
   Les pays doivent avoir comme objectif à moyen terme un solde budgétaire proche de l'équilibre ou excédentaire. Si le pays ne respecte pas la valeur de référence au sens de l'article 104 du traité d'Amsterdam (104 C du traité de Maastricht), à savoir un déficit public limité à 3 % du PIB, le pacte de stabilité prévoit des sanctions financières. Toutefois, en cas de récession le pays peut être exempté de pénalités. (*Voir graphe page suivante.*)

Consulter..., doc. 2

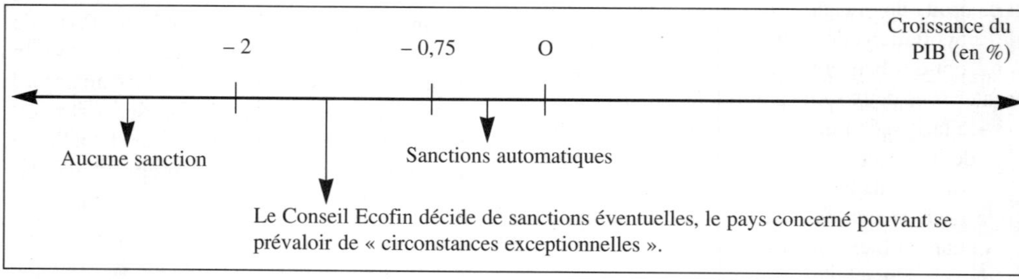

Notes : Conseil Ecofin ou Ecofin (Conseil économique et financier) : nom donné au Conseil lorsqu'il est composé des ministres des Finances de chaque État membre (ils ne sont que onze lorsqu'il s'agit de l'euro).

Par public, on entend « ce qui est relatif au gouvernement général, c'est-à-dire les administratons centrales, les autorités régionales ou locales et les fonds de Sécurité sociale, à l'exclusion des opérations commerciales telles que définies dans le système européen de comptes économiques intégrés » (Protocole sur la procédure concernant les déficits excessifs).

3. Le point faible du budget européen est sa modicité. En effet, le budget communautaire ne représente que 93,5 milliards d'euros (soit 613 milliards de francs), alors qu'à titre d'exemple, celui de la France atteint 1 680 milliards de francs de dépenses. Pour le journal *La Tribune*, du 23 novembre 1999, le budget de l'Union « représente environ 1,1 % du PNB communautaire alors que la dépense publique au sens large, couvrant les dépenses de l'État, des organismes sociaux et des collectivités locales dans un pays comme la France, représente environ 55 % du PNB national ».

Questions de synthèse

1. Le rôle du budget, en politique économique, est de réguler, à court terme, la croissance économique (*cf. Économie générale*, 1re année, chap. 14).
2. Les États membres de l'Union européenne s'opposent à un transfert de leurs compétences en matière budgétaire afin de conserver un instrument de politique conjoncturelle autonome et de garder la maîtrise de leurs recettes ; cela est d'autant plus indispensable que la politique monétaire ne se détermine plus au niveau national mais au niveau de la zone euro depuis la mise en place de la Banque centrale européenne (BCE). En outre, les États membres ne peuvent plus utiliser comme instrument d'ajustement le maniement du taux de change.
3. Le danger, pour l'Europe, de ne pas disposer d'un budget fédéral réside dans le fait que l'Europe se prive d'un instrument d'intervention en cas de chocs conjoncturels.

• Analyser une situation économique

L'UNION EUROPÉENNE DANS LE MONDE

1. Exemples montrant que l'Union européenne n'exerce pas une influence décisive dans les domaines cités par l'auteur de l'article :

– institutions internationales : même si l'Union européenne a parlé d'une seule voix à l'OMC lors du *Millennium Round*, l'absence de pouvoir politique fédéral fragilise l'Union. On peut espérer que le « M. PESC » palliera cette difficulté. Toutefois, en matière monétaire, la cacophonie régnante (il n'y a pas de porte-parole officiel) n'est pas un bon signe ;

– SMI : l'euro ne paraît pas encore menacer la suprématie du billet vert. Le dollar américain demeure toujours la monnaie internationale de référence ;

– le monde des savoirs : prédominance de la langue anglaise (obligation pour les chercheurs de publier leurs travaux en anglais) ; 25 (sur un total de 32, en 1999) prix Nobel d'économie sont américains ; 80 % des sites Web sont rédigés en anglais alors qu'un habitant de la planète sur dix parle cette langue (*Bilan du monde*, édition 2000) ;

L'harmonisation des règles comptables au niveau de la planète ayant échoué, ce sont les normes américaines qui se sont imposées.

Sur 201 millions d'« internautes », 112,4 millions se trouvent aux États-Unis/Canada (56 %) et 47,15 millions en Europe (23,5 %) (Nua Internet Surveys in *Bilan du Monde*, édition 2000).

– la sécurité du monde : absence d'armée européenne ; toutefois, le Conseil européen d'Helsinki, en novembre 1999, a décidé de créer, d'ici 2003, une force d'intervention militaire de 50 000 à 60 000 hommes. Cependant, cette structure ne sera pas permanente. Pour George Robertson, secrétaire général de l'Otan, « sans capacités (militaires), l'Europe sera un tigre de papier » (*Le Monde*, 4 novembre 1999).

2. La monnaie européenne peut être une solution à l'hégémonie de la devise américaine car sa stabilité lui permettra de jouer un rôle international

(fonction de réserve, d'instrument de placement et de financement, monnaie de facturation et de règlement dans le commerce mondial, fonction de mesure des valeurs des matières premières) comparable au dollar américain. Toutefois, si un an après le lancement de l'euro (4 janvier 1999), la monnaie unique exerce une fonction limitée de réserve pour les banques centrales et une fonction d'instrument de placement, elle ne s'est toujours pas imposée dans les transactions internationales. De plus, « au lieu de servir de contrepoids au dollar, la devise européenne véhicule une "américanisation" de l'économie du continent » (*Le Monde*, 5 janvier 2000).

3. La construction européenne est compatible avec la mondialisation de l'économie seulement si les dirigeants européens réussissent à affirmer la cohésion et l'identité européennes.
   Le directeur des études économiques du Crédit lyonnais, Jean-Paul Betbèze, estime que : « les entrepreneurs américains pensent que s'ouvre avec l'euro la prolongation de leur cycle de croissance, déjà le plus exceptionnel. Il s'agit pour eux de capitaliser sur leur avance technologique [...], organisationnelle [...] et capitaliste » (*Le Monde*, 5 janvier 2000).

• Développement structuré

Introduction

Définitions : Union européenne : instaurée par le traité de Maastricht en 1992, elle repose sur trois piliers : les Communautés (dont la Communauté européenne à laquelle est ajoutée l'Union économique et monétaire), la politique étrangère et de sécurité commune (PESC); la coopération en matière de justice et d'affaires intérieures. Quinze États sont membres de l'Union européenne.

Grande puissance : pour D. Hamon, « il existe, pour dominer l'autre, trois types de moyens : physiques (notamment l'art de la guerre); financiers [...]; spirituels (la richesse intellectuelle et l'autorité morale confèrent un ascendant qui peut pallier une certaine pauvreté matérielle » (*Économie mondiale et grandes puissances au XXe siècle*, Cahiers français, n° 265, la Documentation française, 1994).

Problématique : si on peut avancer que l'Union européenne est une puissance, notamment économique, peut-on dire qu'elle est une grande puissance ?

I. L'Union européenne : une puissance économique

A. Le poids de l'Europe

1. Troisième puissance mondiale en termes de population (derrière la Chine et l'Inde)
2. Puissance analogue aux États-Unis en termes de richesses produites (PIB)
3. Premier producteur industriel au monde

B. La place de l'Europe dans les échanges

1. Principal exportateur et importateur de biens et services au monde; « pour la première fois depuis 1992, l'Union européenne a enregistré un déficit de ses échanges commerciaux : – 13,7 milliards d'euros » (*Le Monde*, 3 mai 2000)
2. Première destination touristique mondiale
3. Première zone originaire et destinataire des flux d'investissements directs à l'étranger
4. Une monnaie, l'euro, qui a acquis un rôle international (monnaie de réserve, de placement et de financement)

II. L'Union européenne n'est pas une grande puissance

A. L'Union européenne : un « nain politique »

1. Absence de réelle diplomatie commune
2. Armée inexistante; même si, en 2003, l'Union disposera de moyens autonomes, c'est l'Otan qui continuera de rester le « fondement de la défense collective »

B. Des défaillances inquiétantes

1. Effort de recherche insuffisant comparativement aux États-Unis et au Japon
2. Faiblesse des firmes multinationales européennes face aux géants américains et japonais
3. Place encore réduite dans le domaine des technologies et de l'information et de la communication (TIC)
4. Fonds propres insuffisants (les cent premières capitalisations mondiales comprennent soixante et une firmes américaines pour trente firmes de l'Union européenne (et vingt-trois de la zone euro) » (*Alternatives économiques*, hors-série n° 44, 2e trimestre 2000).
5. Une monnaie, l'euro, qui « a du mal à contester la suprématie du dollar comme monnaie véhiculaire, utilisée pour les transactions sur les marchés de change, et de règlement, dans le commerce des biens et des services » (*Le Monde*, 27 avril 2000)
6. Une monnaie, l'euro, qui « est la monnaie d'un espace et non d'une puissance » (J.-P. Fitoussi, *Le Monde*, 5 mai 2000)

Conclusion

Synthèse : la construction européenne a permis l'édification d'un véritable bloc économique rivalisant avec les autres blocs; toutefois, elle a été insuffisante pour faire émerger une nouvelle grande puissance.

Ouverture : si l'Union européenne n'avance pas vers une structure plus fédéraliste et ne s'affirme pas plus sur le plan politique, elle ne sera jamais une grande puissance. Elle ne le deviendra que si elle le veut réellement. « La vraie question est de savoir si les Européens veulent ou non toujours jouer un rôle dans l'Histoire » (J. Delors, *Le Monde*, 15 janvier 2000).

Chapitre 9 - Le marché unique

DOCUMENTS DE SENSIBILISATION

1. Les freins au marché unique

1. Le traité de Rome dont il est question est celui qui a institué la Communauté économique européenne (CEE ou Marché commun).
2. Les raisons qui ont empêché la mise en place des quatre libertés (libre circulation des biens, des services, des capitaux et des personnes) sont :
   – les freins politiques et institutionnels (règle de l'unanimité et non celle de la majorité qualifiée dans le mode de décision du Conseil des ministres en vertu du compromis de Luxembourg) ;
   – la montée d'un « néoprotectionnisme » lié à la crise.
3. Règlement et directive : ce sont tous les deux des actes juridiques communautaires obligatoires, mais, à la différence de la directive qui laisse à l'État membre le choix de la forme et des moyens pour la transposer dans son droit national, le règlement est directement applicable sans qu'il soit nécessaire d'adopter une législation nationale à cette fin.
4. Le « néoprotectionnisme » est une forme de protectionnisme déguisé, reposant sur l'instauration de barrières non tarifaires (*cf.* chap. 1).

2. Le contenu de l'Acte unique européen

1. Principe de la majorité qualifiée au sein du Conseil (*voir graphe ci-dessous).*
2. Le Conseil européen : il regroupe les chefs d'État ou de gouvernement des États membres de l'Union européenne, ainsi que le président de la Commission, assistés par les ministres des affaires étrangères et par un membre de la Commission. Se réunissant au moins deux fois par an, à la fin de chaque semestre, ou au gré des besoins, sa fonction est de donner à l'Union les impulsions nécessaires à son développement et de définir les orientations politiques générales (article 4 du traité sur l'Union européenne modifié par le traité d'Amsterdam). Sa présidence est exercée, à tour de rôle et pour une durée de six mois, par le chef d'État ou de gouvernement de l'État membre qui assume la présidence tournante de l'Union.
3. Une réforme institutionnelle était indispensable à la mise en place du grand marché car les institutions n'étaient pas assez fortes politiquement pour imposer leurs points de vue aux différents États. De plus, afin de ménager les susceptibilités, il était nécessaire d'impliquer davantage les députés européens.

3. Les objectifs du marché unique

1. L'investissement correspond à la formation brute de capital fixe (FBCF); celle-ci « représente la valeur des acquisitions moins les cessions d'actifs fixes, corporels (machines, etc.) ou incorporels (logiciels) réalisées par les producteurs résidents et utilisées de façon répétée ou continue pendant au moins un an dans le processus de production » (Insee, TEF, 1999/2000).

   La croissance économique est l'augmentation des richesses créées par un pays durant une longue période, généralement mesurée par des agrégats comme le produit intérieur brut (PIB) ou le revenu national brut (RNB).

Document 2, question 1

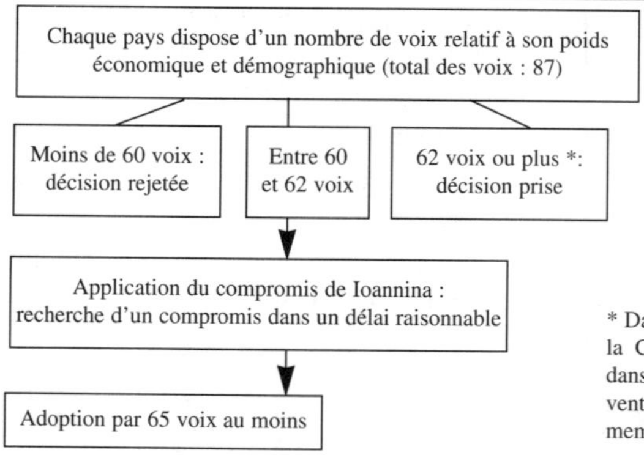

* Dans le cas d'une proposition de la Commission, il faut 62 voix ; dans les autres cas, les 62 voix doivent provenir d'au moins 10 États membres.

RNB (aux prix du marché) = PIB + revenus primaires reçus du reste du monde – revenus versés au reste du monde (Le RNB remplace dorénavant le PNB).

2. Le marché unique peut pousser à une plus grande intégration politique en raison de la mise en place des politiques communes qu'il entraîne ; ceci ne pourra réellement se faire qu'à travers une union plus fédéraliste.

   La création du marché unique a nécessité obligatoirement un transfert de compétences au niveau des instances communautaires. La mise en place des quatre libertés (libre circulation des personnes, des biens, des services et des capitaux) ne pouvait aller de pair qu'avec une limitation de l'autonomie des politiques économiques des États membres de l'Union européenne.

   Le passage à la monnaie unique a renforcé le processus, nécessitant de la part des États membres une coordination de leur politique économique, limitant d'autant leur souveraineté nationale.

3. Le marché unique peut se traduire par la diminution des coûts et de prix en raison des économies d'échelle que peuvent réaliser les entreprises (grâce à l'harmonisation des normes et au principe de la reconnaissance mutuelle) et de la concurrence qui s'installe entre elles.

4. La fin du duty free

1. Un lobby est un groupe de pression. Ce terme désigne soit « un groupement, soit une organisation, qui exercent des pressions – en tous genres – pour faire triompher leurs intérêts, ou ceux qu'ils soutiennent » (J.-P. Colignon, *Le Monde*, 29-30 mars 1992).

2. Les ventes hors taxes intracommunautaires ont été supprimées en raison de l'harmonisation fiscale entre les États de l'Union européenne.

3. Les conséquences de la fin des ventes hors taxes dans l'Union européenne sont :
   - la disparition d'emplois (90000 dont 10000 en France), en particulier pour l'industrie de luxe, le tabac et l'alcool ;
   - un manque à gagner pour les ports, les aéroports et les compagnies maritimes ;
   - la baisse des rentrées fiscales pour les collectivités locales et l'État (impôt sur les sociétés en diminution) ;
   - la fréquentation des paradis fiscaux restants en hausse : îles Aland (entre la Suède et la Finlande), Andorre, Jersey, Guernesey, les Canaries, le mont Athos, le territoire de Bössingen (Allemagne) et la Suisse.

5. La TVA dans l'Union européenne

1. La TVA est un impôt général de consommation frappant tous les biens et services, à quelques exceptions près.

   La TVA est un « impôt qui se calcule sur le prix de vente hors taxes de tous les biens et services. La TVA est payée dans sa totalité par le consommateur final.
   Les entreprises (fabricants, commerçants...) encaissent la TVA à chaque vente et la reversent à l'État, déduction faite de la TVA qu'elles ont elles-mêmes payée lors de l'achat du produit ou des matières premières » (Insee).

   TVA collectée par les entreprises – TVA déductible = TVA décaissée (versée au Trésor public).

2. L'ancien Premier ministre R. Barre a pu dire cela car :
   - la TVA est l'impôt qui rapporte le plus à l'État (rendement élevé) et dont le maniement a des conséquences immédiates sur les rentrées fiscales (impôt délicieux) ;
   - le consommateur final n'a pas l'impression de payer cet impôt étant donné que la TVA est dissimulée dans le prix de détail (impôt indolore) ;
   - il n'y a pas de TVA à l'exportation ; les entreprises ne sont pas pénalisées dans leur commerce avec les pays tiers (impôt protectionniste).

3. La baisse des taux de TVA pourrait conduire à une « paupérisation de l'État », toutes choses égales par ailleurs, pour la simple raison que la TVA représente la plus grosse part des recettes fiscales de l'État.

4. Aujourd'hui, la TVA représente, dans les recettes fiscales du budget de l'État, la part la plus importante. En 1998, la TVA représentait 45,6 % des recettes fiscales brutes (*Les Notes Bleues de Bercy*, hors-série, Projet de loi de finances pour 2000, septembre 1999).

6. La libre circulation des personnes

1. Les pays qui appliquent la Convention de Schengen sont les suivants : dix pays membres de l'Union européenne (Allemagne, Belgique, Espagne, France, Italie, Luxembourg, Pays-Bas, Portugal, Autriche, Grèce) et cinq pays observateurs : Danemark, Finlande, Suède (membres de l'UE), Islande, Norvège (non membres de l'UE).
   La Norvège et l'Islande sont associées à l'espace Schengen en raison de la libre circulation qu'ils ont établie avec le Danemark et la Suède.

2. L'intégration de la Convention de Schengen (acquis de Schengen) dans le traité d'Amsterdam est une décision importante car cela permettra aux pays signataires des accords de Schengen d'instaurer entre eux une véritable politique communautaire (par le biais de la coopération renforcée), et non plus une simple coopération.
3. L'immigration, le droit d'asile (entre autres) sont des « sujets sensibles » car ils heurtent une grande partie de l'opinion politique, sont – de plus en plus – l'enjeu des élections et remettent en cause la souveraineté nationale.

7. Le marché financier européen

1. Le principe de reconnaissance mutuelle accélère l'intégration européenne car il permet de lutter contre les barrières techniques entre les pays, beaucoup plus efficacement et rapidement qu'une harmonisation qui ferait sombrer l'Europe dans les excès bureaucratiques.
2. Les conséquences de la constitution d'un marché financier européen (il faudrait plutôt parler d'Europe financière) peuvent être les suivantes :
   - meilleure allocation des ressources financières ;
   - attrait du marché européen devenu plus compétitif ;
   - concentration et restructuration du domaine bancaire ;
   - diminution des coûts financiers supportés par les entreprises et les ménages ;
   - placements plus diversifiés et rémunérateurs ;
   - développement du financement direct au détriment de l'intermédiation bancaire ; pour Jean-Pierre Faugère : « il semble que les marchés de capitaux ne soient pas en mesure d'assurer, aussi bien que les banques, une mutualisation des risques : les marchés multiplient les écrans entre le prêteur final et l'emprunteur final, ce qui gêne une évaluation correcte du risque pris par le prêteur. Les marchés sont très sensibles aux "comportements mimétiques" qui engendrent des "bulles" financières » (*L'Europe économique : marchés et politiques*, Collection Circa, Nathan, 1992) ;
   - politique monétaire des États moins efficace en raison de la parfaite mobilité des capitaux (liberté de circulation des capitaux) ; les agents économiques nationaux ne sont plus dépendants de leur marché national.

8. Les effets macroéconomiques du marché unique

1. Si la compétitivité est affaire de prix, elle est aussi affaire d'autres éléments : c'est ce que l'on appelle la compétitivité hors-prix ou structurelle qui « est la capacité à imposer ses produits indépendamment de leur prix [...]. Elle dépend de nombreux facteurs, tels que la qualité, l'innovation, le respect des délais et le service après-vente, l'efficacité commerciale. Parmi ces facteurs, la théorie distingue différenciation horizontale et verticale.

   La différenciation horizontale exploite la préférence du consommateur pour la variété grâce à l'innovation de produits. La différenciation verticale repose sur la création de produits ayant une qualité perçue comme singulière, permettant de vendre au-dessus du prix d'équilibre du produit standard » (A. Parienty, *Ecoflash*, n° 93-94, décembre-janvier 1995).
2. Les effets économiques pervers (effets non attendus et contraires à l'objectif recherché) d'un accroissement du PIB sont :
   - les tensions inflationnistes (inflation par la demande) ;
   - l'augmentation des importations (déséquilibre du commerce extérieur).
3. Les principaux effets économiques de la suppression des barrières non tarifaires sont :
   - une diminution des coûts donc des prix, d'où une amélioration de la compétitivité des entreprises et une élévation du pouvoir d'achat ;
   - une augmentation de la croissance économique créatrice d'emplois.

9. Les risques du marché unique

1. La logique néolibérale repose sur le désengagement de l'État et la déréglementation dans le but de restaurer le libre fonctionnement des mécanismes du marché. Il s'agit d'aboutir à une flexibilité maximale et à une réglementation minimale.
2. Les risques du grand marché pour les entreprises sont :
   - une concurrence accrue et, à terme, la disparition des entreprises les moins performantes ;
   - la libre-circulation des produits contrefaits («L'Union européenne perdrait 100 000 emplois chaque année à cause de la contrefaçon» (*Le Monde*, 7-8 mai 2000) ;
   - la domination des marchés par quelques entreprises ;
   - des conflits du travail alimentés par la remise en cause de certains avantages acquis.
3. Les risques du grand marché pour les ménages sont :
   - une augmentation du chômage ;
   - une diminution des salaires et de la protection sociale (risque de dumping social).

ACTIVITÉS DE SYNTHÈSE

Consulter et exploiter la documentation économique

L'HARMONISATION FISCALE

1. Une opération difficile

1. La différence qui existe entre la fiscalité directe et la fiscalité indirecte réside dans la possibilité (fiscalité indirecte) ou non (fiscalité directe) de répercuter l'impôt dans le prix de vente du produit.
2. Une mesure fiscale peut être à la source d'une « concurrence déloyale » en raison des distorsions de concurrence qu'elle peut introduire.
3. Les taux effectifs d'imposition des entreprises européennes sont si différents en raison de l'absence d'harmonisation de l'assiette (base de calcul de l'impôt) elle-même.

2. La fiscalité de l'épargne

1. Un non-résident (pour la France) est :
   - une personne physique, française et étrangère, installée à l'étranger depuis un an au moins ;
   - une personne physique étrangère résidant en France depuis moins d'un an ;
   - une personne morale, quelle que soit sa nationalité, exerçant une activité économique réelle à l'étranger à travers des unités de production autonomes.

   Dans le texte, il est question des personnes physiques, françaises et étrangères, ayant leur domicile principal (fiscal) à l'étranger (autre définition d'un non-résident).
2. Le secret bancaire consiste, pour un établissement bancaire, à ne pas divulguer les noms de ses clients.
3. Certains pays de l'Union européenne ne taxent pas l'épargne des non-résidents afin d'attirer le plus de capitaux possibles, en raison de la libre-circulation des capitaux introduite par le traité de Maastricht.

3. Une fausse bonne idée ?

1. La différence entre la règle à l'unanimité et la règle à la majorité (qualifiée) réside dans la pondération ou non des voix des membres du Conseil.
   Lors d'un vote à la majorité qualifiée, les voix des membres du Conseil sont affectées de la pondération suivante (article 205 du traité d'Amsterdam) : Belgique : 5 ; Danemark : 3 ; Allemagne : 10 ; Grèce : 5 ; Espagne : 8 ; France : 10 ; Irlande : 3 ; Italie : 10 ; Luxembourg : 2 ; Pays-Bas : 5 ; Autriche : 4 ; Portugal : 5 ; Finlande : 3 ; Suède : 4 ; Royaume-Uni : 10.
2. En dehors de la fiscalité, la règle de l'unanimité prévaut pour le deuxième pilier (politique étrangère et de sécurité commune) et troisième pilier (cooopération en matière de justice et d'affaires intérieures). Toutefois, le traité d'Amsterdam prévoit qu'au bout d'une période transitoire de cinq ans, le Conseil pourra – par une décision prise à l'unanimité après consultation du Parlement européen – adopter à la majorité qualifiée des mesures visant à assurer la libre circulation des personnes. (Titre IV du traité d'Amsterdam : visa, asile, immigration, et autres politiques liées à la libre circulation des personnes) (*cf.* doc. 6, p. 151 du livre de cours).

   En ce qui concerne le premier pilier (pilier communautaire : les trois communautés et les politiques communautaires), le Conseil décide à la majorité qualifiée dans la plupart des cas. Il convient de noter toutefois que le Parlement européen est associé parfois à la décision (procédure de codécision).
3. La concurrence fiscale entre les États membres de l'Union européenne est à la fois une bonne et une mauvaise chose :
   - une bonne chose car elle empêche les États de pratiquer une harmonisation par le haut et ce, au détriment du contribuable ; cette concurrence permet à l'Europe de conserver son épargne qui fuierait hors de ses frontières dans le cas contraire ;
   - une mauvaise chose en raison de la mise en place possible d'une politique de « moins-disant » fiscal (ou « flibuste fiscale » selon l'expression due à Jean Arthuis, ancien ministre de l'Économie) entre les pays qui « profite à tout ce qui est mobile, c'est-à-dire aux grandes entreprises, aux salariés les plus qualifiés ou encore aux gros épargnants » (*Le Monde*, 11 juin 1999). En outre, cette concurrence nuit à l'emploi (*cf.* questions de synthèse).

Enfin, ce « dumping » fiscal pourrait conduire à une « paupérisation » de certains États les rendant incapables de respecter l'objectif en matière de déficit budgétaire.

Jean-Pierre Petit relève quant à lui un certain nombre d'effets pervers liés à l'absence d'harmonisation fiscale : rationnement non optimal (y compris à l'échelle européenne) de certaines dépenses productives dans les pays à forte pression fiscale ; [...] risque de voir se développer des comportements de « passager clandestin », avec en particulier la tentation de la part des entreprises de s'implanter dans les pays où les niveaux d'infrastructures publiques sont satisfaisants et de faire apparaître des bénéfices là où la fiscalité est la plus avantageuse » (Lettre de conjoncture de la BNP, novembre 1998 in *Problèmes économiques*, n° 2604, 17 février 1999).

4. Le dernier espace de souveraineté

1. La contrainte en matière de déficit budgétaire pour les pays membres de l'Union européenne est que le déficit budgétaire ne dépasse pas 3 % du produit intérieur brut (PIB).
2. Les pays ont du mal à réduire leurs dépenses publiques en raison du caractère incompressible de certaines d'entre elles et de l'absence de courage politique dans la mise en place d'une politique budgétaire restrictive.
3. Les États ont « aliéné leur souveraineté monétaire » en adoptant la monnaie unique et en confiant notamment au système européen de banques centrales (Banque centrale européenne et banques centrales nationales) le soin de définir et de mettre en œuvre la politique monétaire de la Communauté et de conduire les opérations de change (article 105, alinéa 2 du traité d'Amsterdam). De plus, c'est la BCE qui est « seule habilitée à autoriser l'émission de billets de banque dans la Communauté » (article 105 A, paragraphe 1 du traité d'Amsterdam).

   En d'autres termes, les États ont « aliéné leur souveraineté monétaire » car ils ne pourront plus battre leur monnaie.

Questions de synthèse

1. La fiscalité indirecte est la seule à avoir fait l'objet d'une réelle démarche d'harmonisation parce que c'était la plus facile à réaliser d'une part, et que, d'autre part, l'existence du marché unique la rendait indispensable afin de corriger les distorsions de concurrence entre pays.
2. La fiscalité reste le deuxième élément de souveraineté des États membres car c'est le seul instrument d'ajustement conjoncturel sur lequel un État peut encore agir librement (dans la limite cependant des critères de convergence du traité de Maastricht), la politique de change et la politique monétaire lui étant interdites.
3. Le *dumping* social (pression à la baisse des coûts salariaux et des avantages sociaux ; c'est une course au « moins-disant » social) peut jouer contre l'emploi car il risque d'exercer un effet dépressif sur la demande alimentant par là-même le chômage.
4. Si la fiscalité peut être un élément favorable pour une entreprise dans la décision de s'implanter sur un territoire étranger, d'autres facteurs entrent en ligne de compte : la taille du marché, la qualité de la main-d'œuvre, les infrastructures publiques, la stabilité politique, la position géographique, les perspectives économiques... (liste non exhaustive).

   Pour Paul Laudicina, directeur général du cabinet américain de conseil en stratégie A.T. Kearney : « ce n'est pas le taux de l'IS qui compte, mais la stabilité de ce taux dans le temps, de manière à pouvoir prévoir la rentabilité d'un investissement » (*Le Figaro*, 17 mars 1999).
5. La différence qui peut être faite, en matière de politique fiscale européenne, entre une coordination et une harmonisation se situe dans le transfert de compétences observé.

   La coordination ne retire aucune prérogative à un État alors que l'harmonisation relève de la compétence communautaire.

• Analyser une situation économique

LA DIFFICILE HARMONISATION DES COMPORTEMENTS ÉCONOMIQUES

1. Les principales motivations liées à l'achat chez les consommateurs européens sont la garantie d'hygiène et de sécurité et le prix.
2. Si le prix joue un rôle déterminant dans l'acte d'achat dans les pays européens, on peut toutefois relever des différences entre les consommateurs.

   Le consommateur allemand recherche avant tout le meilleur prix (43 % des Allemands comparent les prix systématiquement et 87 % d'entre eux fréquentent les *hard discount* au moins une fois par mois), alors que chez les autres consommateurs européens, cette recherche dépend d'autres facteurs (revenus, âge, taille du foyer). Pour Jean-Pierre Loisel, il existe deux modèles : « un modèle de consommateur anglo-saxon "opportuniste", à la recherche de bonnes affaires, s'oppose à un modèle de consommateur germanique, plus constant dans sa recherche de prix bas » (*Consommation et modes de vie*, n° 134, 30 avril 1999 in *Problèmes économiques*, n° 2627, 18 août 1999) ; le consommateur français opterait pour chacun de ces modèles en fonction de son revenu.

3. Le marché unique favorise la convergence des comportements des consommateurs européens en raison de la libre circulation des biens, des services, des capitaux et des personnes qu'il instaure.

4. On ne peut pas vraiment parler d'homogénéisation en matière de consommation dans l'Union européenne car, si les Européens se ressemblent beaucoup dans un grand nombre de domaines (les dépenses de logement, de transport et de l'alimentation arrivent en tête, convergence des taux d'épargne), il subsiste néanmoins des spécificités nationales suffisamment fortes pour infléchir le comportement du consommateur.

• Développement structuré

Introduction

Définition : marché unique, appelé aussi marché intérieur ou grand marché ; c'est un « espace sans frontières intérieures dans lequel la libre circulation des marchandises, des personnes et des capitaux est assurée » (article 14 du traité d'Amsterdam).

Problématique : la mise en place du marché unique est-elle une bonne chose, économiquement parlant ?

Plan : les avantages (I) et les limites (II) du marché unique.

I. Conséquences positives du marché unique

- Supplément de croissance économique
- Création d'emplois
- Concurrence accrue entre les entreprises, mais aussi coopération renforcée
- Choix de produits plus important pour les consommateurs et à des prix plus intéressants
- Possibilité de réalisation d'économies d'échelle ; diminution des coûts et des prix
- Élévation du niveau de vie
- Dynamique d'intégration politique

II. Les conséquences négatives du marché unique

- Concurrence accrue et, à terme, disparition des entreprises les moins performantes
- Faiblesse de l'intégration sociale (absence de politique sociale européenne)
- Remise en cause de l'indépendance des pays en matière de politique économique
- Limitation de la souveraineté nationale des États (transfert de compétences au niveau des instances communautaires)

Conclusion

Synthèse : la réalisation du marché unique a permis à l'Europe d'avancer à grands pas et d'affirmer sa volonté politique. Cependant, beaucoup de problèmes restent en suspens, notamment l'harmonisation fiscale et la mise en place d'une politique sociale.

Ouverture : « Le marché unique sans la monnaie unique, c'est le marché inique » a pu dire Jean Arthuis, ancien ministe de l'Économie. L'achèvement de l'Union économique et monétaire, avec le passage à l'euro, parachèvera et renforcera le marché unique ; les pays devront être plus solidaires et s'orienter vers une harmonisation de leurs politiques économiques.

Chapitre 10 - Du SME à l'UEM

DOCUMENTS DE SENSIBILISATION

1. La naissance du Système monétaire européen

1. Chaque monnaie fixe sa parité vis-à-vis du dollar (35 dollars l'once d'or fin) et dispose d'une marge de fluctuation de 0,25 % autour du pair à la hausse ou à la baisse.
2. Les succès dans le domaine économique ont poussé les six membres fondateurs à envisager une union monétaire qui assurera une stabilité aux monnaies des États membres.
3. L'embargo sur l'or, décidé par le président Nixon le 15 août 1971, a entraîné une période d'instabilité pour les monnaies européennes. Les changes devenant flottants, les spéculations à la hausse se déchaînent contre le deutsch mark et le Florin et les attaques à la baisse contre le franc et la livre.

2. Le SME, un effort de création d'une zone de stabilité monétaire

1. La réduction de l'inflation est une priorité économique qui, si elle est menée à son terme, permet d'envisager la stabilité monétaire. Toute politique monétaire cohérente passe par une politique des prix particulièrement stricte.
2. Si l'inflation se développe, les autorités monétaires utilisent le loyer de l'argent pour la combattre, avec comme conséquence une spéculation monétaire.
3. La politique des taux de change stables et ajustables reposait sur des seuils de variations de 2,25 % autour du pair permettant aux monnaies européennes de flotter à l'intérieur du « serpent européen ».

3. L'Allemagne, pivot du SME

1. Le système fonctionnait de manière asymétrique dans la mesure où l'Allemagne décidait de sa politique monétaire, obligeant tous les autres pays à la suivre faute de se décrocher du mark.
2. L'économie dominante européenne à cette époque était l'Allemagne et le deustche mark était considéré comme une monnaie forte, ce qui explique le rôle d'ancrage joué par l'Allemagne.
3. L'ancrage à une monnaie forte permet de profiter de sa crédibilité sur les marchés des changes et ainsi de se renforcer et de diminuer ainsi le coût de la lutte contre l'inflation.

4. Le bilan positif du SME

1. Les principaux avantages de la création du SME tiennent dans la plus grande stabilité des taux de change, une convergence dans les politiques de lutte contre l'inflation et une gestion commune des taux d'intérêt.
2. L'Union économique et monétaire était le prolongement du SME. Le Marché unique ne pouvait s'accommoder des coûts de transaction entre les monnaies des États membres et de l'incertitude des taux de change.
3. La monnaie unique nécessite une gestion unique donc un abandon de l'autonomie monétaire des États membres.

5. La monnaie unique : quelles attentes pour l'Europe ?

1. Une monnaie unique supprime les coûts de transaction des devises entre elles, donc les incertitudes liées aux variations du taux des échanges des États membres.
2. Une innovation financière majeure repose sur la possibilité donnée aux particuliers et aux entreprises de souscrire des emprunts dans une monnaie unique, et d'effectuer des placements sur des produits financiers libellés dans la monnaie européenne.
3. Les politiques structurelles concernant l'emploi bénéficieront de l'instauration de la monnaie unique entraînant plus d'efficacité dans la lutte contre le chômage et réduisant les écarts de salaire.

6. La coordination des politiques économiques, principe de base de l'UEM

1. Les politiques budgétaires expansives ou restrictives étaient liées aux politiques monétaires entraînant des variations de la valeur des monnaies par les masses monétaires mises en circulation sur les marchés.
2. Les politiques budgétaires devant respecter les mêmes critères de convergence devront obligatoirement agir de concert dans la zone euro.
3. Incertitudes liées à l'évolution de la monnaie américaine, aux politiques d'investisseurs internationaux sur l'euro.

7. Une convergence à marche forcée

1. Le respect des critères de convergence a été le fruit de politiques différentes selon les pays désirant adhérer à l'euro. Les moyens mis en œuvre ont donc donné naissance à des situations économiques très différentes selon les États.
2. Les États membres ayant perdu leur autonomie budgétaire, ils ne peuvent plus considérer les finances publiques comme l'instrument privilégié d'intervention économique.
3. Les États membres devront se contenter de politiques nuancées pour réguler la croissance dans leur pays, politique salariale ou politique fiscale par exemple.

ACTIVITÉS DE SYNTHÈSE

Consulter et exploiter la documentation économique

L'EURO DE TOUS LES DANGERS

1. Les nouveaux rôles attribués à l'euro

1. Globalisation commerciale et financière, extension des marchés à l'échelle mondiale.
2. Contrainte et forcée, la politique commune européenne est la seule chance de la zone pour tenter de concurrencer les autres grandes zones mondiales.
3. La monnaie unique ne suffira pas à assurer la cohérence de la zone. Des politiques fiscale ou de l'emploi communes, ainsi qu'un pouvoir plus fort du Parlement européen seront nécessaires.

2. Les trois risques de l'euro

1. Étapes de la crise asiatique (1997), russe (1998), brésilienne (1999).
2. Par la relance budgétaire et l'afflux de liquidités sur le marché.
3. Seule la BCE pourra décider d'une relance monétaire, sachant qu'elle est garante du niveau des prix et qu'une telle politique risque de générer l'inflation.

3. Le recul de l'euro

1. La conjoncture aux États-Unis reste particulièrement favorable entraînant une hausse du billet vert, alors qu'en Europe la croissance est moindre.
2. Les investisseurs ont préféré miser sur le dollar, témoin d'une croissance, forte plutôt que sur l'euro, reflet d'une croissance moindre en Europe.

4. L'euro repart !

1. À la meilleure santé de l'Allemagne dont la croissance tire le reste de l'Europe et à son rôle comme moyen de réglement dans les échanges internationaux.
2. Par l'offre et la demande sur les marchés des changes et par les économies qu'elles représentent.
3. Les grands fonds d'investissement (américains) resteront les maîtres de l'importance accordée à l'euro dans les placements internationaux.

5. Euro fort ou dollar faible ?

1. L'expansion américaine, basée sur la consommation et le crédit, expliquant l'envolée des cours à Wall Street, semble se tasser, provoquant un recul du billet vert donc une appréciation de l'euro.
2. La valeur d'une monnaie étant tributaire de l'économie dont elle est l'image, la même situation pourrait se produire en Europe si la croissance faiblissait.

Questions de synthèse

1. L'euro ne deviendra une devise reconnue et stable que si elle s'appuie sur une volonté commune de mettre en place des politiques cohérentes au niveau européen.
2. Pour éviter de laisser filer les prix dont la BCE est garante de la stabilité.
3. En terme commercial, certainement, mais pas encore en terme d'investissement.
4. Le dollar symbolise la puissance économique, politique et stratégique des Américains, concurrencée par l'euro qui voudrait fédérer ces puissances au sein d'une même réalité, l'Europe.
5. La pérennité de l'euro passe par des politiques communes aux États membres, faute de quoi sa crédibilité internationale risquera d'être compromise.

Analyser une situation économique

POLITIQUE MONÉTAIRE ET TAUX D'INTÉRÊT

1. La détente sur les taux permet d'accélérer la croissance et, en gain monétaire, d'enregistrer une hausse de l'euro.

2. La baisse des taux facilite l'investissement, la consommation et donc dope la croissance.

3. Combinaison entre une politique monétaire souple, utilisant une baisse des taux, et une politique budgétaire rigide, interdisant les déficits.

4. De ne pouvoir gérer des situations inflationnistes ou déflationnistes spécifiques.

5 La mise en place d'une politique commune, le niveau des prix sur les marchés et… la valeur du dollar et donc la croissance outre-atlantique.

• Développement structuré

Introduction

L'Europe monétaire et sa discipline

Règles nées à Maastricht, prolongées à Amsterdam

I. Les critères de Maastricht

A. Les différents critères

B. Leur respect

II. Le pacte d'Amsterdam

A. Les enjeux

B. Les contraintes

Conclusion

Pacte d'Amsterdam indispensable

Contraintes très puissantes pour les États membres et perte d'autonomie

Chapitre 11 - La croissance économique et son évolution

DOCUMENTS DE SENSIBILISATION

1. Appréhender la notion de croissance

1. La croissance représente l'augmentation de la production sur le long terme.
2. L'expansion concerne le court terme.
3. Le développement résulte de la croissance qui permet des modifications structurelles et l'augmentation du niveau de vie.

2. Une mesure de la croissance délicate

1. Les productions inutiles (essence, embouteillage), les production négatives (pollution), les variations de prix, les productions non comptabilisées (travaux ménagers), ainsi que les productions non déclarées (travail au noir) rendent le calcul délicat.
2. En les mesurant par le prix.
3. Non car des produits nouveaux peuvent apparaître et la qualité intrinsèque des produits peut également changer.

3. Croissance extensive et intensive

1. Augmentation et qualification des travailleurs, accroissement du capital, progrès technique, innovations constituent des facteurs de la croissance.
2. La croissance extensive correspond à l'augmentation quantitative des moyens de production.
3. La croissance intensive relève de la qualité. Il s'agit d'augmenter sa production par une meilleure utilisation des facteurs de production.

4. Les facteurs de croissance de l'année 1998

1. Les trois composantes de la croissance sont constituées par : la consommation des ménages, l'investissement des entreprises et les exportations.
2. La consommation des ménages à perduré car ils gardent le moral.
3. 1996 : exportation (5,2 %).
   1997 : exportation (12,6 %).
   1998 : exportation (6,3 %).
4. Le facteur psychologique apparaît au niveau des ménages (réponse 2) et des entrepreneurs, qui revoient leurs projets à la baisse par crainte de la crise.

5. L'économie cyclique

1. Un cycle économique représente l'évolution de la production durant une période constituée de quatre phases (expansion - crise - récession - reprise).
2. On distingue bien les périodes d'expansion que les crises de 1973, 1979, 1990 et 1993 transforment en récession à travers différents événements (chocs pétroliers, guerre du Golfe, crises asiatique et des pays de l'Est).
3. Les cycles Kitchin apparaissent sur de courtes variations (1976, 1979 ; 1983, 1986 et 1994, 1997), les cycles Juglar apparaissent entre deux crises (1971, 1975 ; 1975, 1982 ; 1982, 1991 ; 1991, 1998) et le cycle Kondratiev représente une relative et longue récession entre 1970 et 1998 (flèche), la reprise s'installant à partir de 1999.

6. Les États-Unis en pleine croissance

1. Utilisez le tableau page 186.
   3,9 + 2,6 + 3,4 + 3,9 + 3,9 + 3,6 / 6 = 3,49%.
2. Les variations cycliques apparaissent de façons assez régulières avec des creux (1987, 1991, 1995) et des pointes (1984, 1988, 1994, 1998).
3. Les salariés commencent à profiter de la croissance avec la hausse des salaires.

7. La croissance des pays riches

1. Forte récession jusqu'en 1982 et de 1990 à 1993.
2. L'OCDE est constituée dans sa plus grande partie par les pays de l'UE, auxquels on ajoute les États-Unis, le Japon, le Canada, la Nouvelle-Zélande et l'Australie, dont les économies sont en phase avec celles de l'UE. En 1982 et 1983, les États-Unis, le Canada, la Nouvelle-Zélande et l'Australie n'étaient pas touchés aussi fortement que les pays de l'Europe par la crise, ce qui augmente le chiffre de l'OCDE.
3. Il semble que l'an 2000 constitue le départ d'un nouveau cycle Kondratiev.

ACTIVITÉS DE SYNTHÈSE

• Consulter et exploiter la documentation économique

DES CROISSANCES DIVERSES DANS LES PAYS DÉVELOPPÉS

1. La croissance de l'Espagne

1. Les exportations ont initié la croissance.
2. Rigueur budgétaire, déréglementation et libéralisme du marché du travail.
3. Inflation maîtrisée, pression fiscale réduite, assainissement des finances publiques, investissement et consommation, baisse du chômage.

2. Euroland et croissance

1. Taux d'intérêt peu élevés, crédits nombreux, pas d'inflation, réduction du chômage, exportation en hausse.
2. La baisse de l'euro rend les produits européens moins chers à l'exportation.
3. Il faut réformer et harmoniser les domaines de la fiscalité et du travail (formation inclue) afin d'améliorer la compétitivité des entreprises.

3. Une croissance américaine tendue ?

1. La crise asiatique, la récession au Japon, le ralentissement en Europe et le renchérissement du dollar auraient pu affecter la croissance américaine.
2. La consommation, les nouvelles technologies et l'affluence des capitaux sont des moteurs de la croissance.
3. La hausse de la valeur boursière des actions ne constitue pas une hausse réelle de la valeur économique des entreprises. On a là une richesse virtuelle… jusqu'à quand ?

Questions de synthèse

1. La croissance.
2. Celle de l'Espagne relève plus de transformations structurelles profondes que celle des États-Unis basée beaucoup plus sur un mouvement psychologique (afflux de capitaux pour percevoir des intérêts élevés, valeur boursière pour la spéculation…).
3. Une forte hausse.

• Analyser une situation économique

TRENTE ANNÉES DE CROISSANCE ET DE CRISES

1. Le premier choc pétrolier a été une cause majeure de la première crise d'après-guerre.
2. La diminution de la masse monétaire réduit la consommation, la production et l'investissement.
3. Essentiellement l'endettement, les créances douteuses, la politique monétaire expansive du Japon.
4. La récession majeure n'a pas eu lieu ; au contraire, la croissance est très forte au seuil de l'an 2000.
5. Les relations de cause à effet concernant ces crises sont prévisibles et vérifiées, donc économiquement correctes.

• Développement structuré

Introduction

La croissance n'est pas linéaire, elle passe par des périodes fastes et d'autres qui le sont moins.

Des mécanismes récurrents permettent d'expliquer ces cycles. Les phases de crises sont toujours suivies de période d'expansion, ce qui démontre l'étude faite par le magazine *Alternatives économiques,* dont nous nous servirons pour mettre en évidence les cycles économiques depuis les années 70.

I. Des années 70 à la fin des années 80

A. La notion de cycle

1. Croissance inégale
2. Les phases des cycles
3. L'origine des crises
4. Les fondements d'une reprise

B. Les crises liées au pétrole

1. Les chocs pétroliers
2. Les problèmes des économies développées
3. Les nouvelles technologies
4. La restructuration

II. Les dernières années du siècle

A. Autour de la guerre du Golfe

1. La situation des États leaders
2. L'endettement des pays développés
3. L'étincelle de la guerre

B. La reprise en 2000

1. Les problèmes asiatique et russe
2. Les rebondissements de l'Europe
3. Les États-Unis en pointe
4. Des réserves à émettre

Conclusion

Synthèse : Nous venons de montrer que la notion de cycle économique est une réalité confortée par l'histoire. Il semble qu'aucune économie ne peut échapper à ces périodes difficiles, qualifiées de crise.

Ouverture : Cette instabilité économique ne pourrait-elle pas être atténuée par la prévision et l'intervention des États ?

Chapitre 12 - Les déséquilibres du carré magique

DOCUMENTS DE SENSIBILISATION

1. Inflation zéro

1. 0,3 %.
2. Hausse du pouvoir d'achat (+ 3,4 %) et bonne compétitivité extérieure.

2. Déflation et concentration

1. Les prix des produits nippons baissent.
2. En se regroupant (concentrations oligopolistiques).
3. Stabilisation de la demande par une régulation macroéconomique mondiale.

3. La maîtrise de l'inflation dans l'Union européenne

1. France 0,2 %, 0,9 % pour les autres pays de l'Union, précédés toutefois par le Japon 0,8 % ; puis viennent la Grande-Bretagne 1,4 %, les États-Unis 1,5 %, le Portugal 2,6 % et la Grèce 3,9 %.
2. La baisse des prix des matières premières et la baisse des prix due à la concurrence.
3. Reprise en fonction de la période.

4. Chômage et diplôme

1. Il s'agit souvent de jeunes n'ayant pas de qualification.
2. Ce sont les jeunes ayant obtenu un diplôme dans l'enseignement supérieur.
3. Non, il est légèrement inférieur.

5. Les causes du chômage

1. Ralentissement de l'économie, problèmes structurels dans des activités en voie de disparition, chômage technique, conjoncture, changement d'emplois.
2. Progrès techniques.

6. Recul du chômage des jeunes

1. Entre 21 et 22 %.
2. Elle se situe en tête de l'OCDE dans la diminution du chômage.

7. Un commerce extérieur excédentaire

1. À partir de 1993.
2. Produits de qualité, politique de prospection extérieure, productivité.
3. Répondre en fonction de la période.

ACTIVITÉS DE SYNTHÈSE

• Consulter et exploiter la documentation économique

LES POLITIQUES POUR L'EMPLOI

1. Les étapes de la lutte contre le chômage en France

1. Problèmes financiers pour les entreprises (surcoûts de salariés pléthoriques) et limites dans les possibilités de créations d'emplois publics.
2. Oui, car il s'agit de financer des arrêts de travail.
3. Elle est importante mais les salaires sont souvent peu élevés.

2. Les politiques communautaires de l'emploi

1. Ce sont les États eux-mêmes.
2. On doit l'apprécier comme un complément des politiques nationales.
3. Instauration de lignes directrices et de plans d'action nationaux pour l'emploi.

3. La politique de l'emploi fin de siècle

1. Allègement des charges sociales, flexibilité accrue, emplois-jeunes, 35 heures, préretraites, contrats emploi-solidarité.
2. Elle a permis la création d'emplois, un peu moins que prévu.
3. Le secteur de l'emploi des jeunes.

Questions de synthèse

1. Les gouvernements et le Conseil des ministres pour l'Union européenne.
2. Aucun autre pays que la France, en l'an 2000, n'applique cette politique.
3. Oui, la formation professionnelle, l'aide aux entreprises.

• Analyser une situation économique

LE DÉTAIL DU CHÔMAGE

1. L'augmentation est sensible de 1993 à 1999. Il passe de 24,6 à 26,6. Le chômage des jeunes femmes est plus important que celui des hommes : 29,7 % en 1999, contre 24,2 %.
2. Le chômage des jeunes est deux fois plus fort que celui de la moyenne nationale ; presque trois fois pour les femmes.
3. À tous les âges, le chômage des femmes est supérieur à celui des hommes. Les explications classiques existent : moins de qualification, hésitation à l'embauche due à des absences possibles, éventail des activités plus réduite.
4. Le diplôme apparaît comme essentiel puisque le taux de chômage des sans-diplômes atteint 17,9 % alors que celui des diplômés de l'enseignement supérieur ne dépasse pas les 7 %.
5. Ceux qui vivent dans les communes rurales ont en général un travail ; sinon, beaucoup partent pour des villes plus importantes et se retrouvent en partie au chômage.

• Développement structuré

Introduction

Durant ces vingt dernières années, le chômage a constitué le problème économique et social majeur de la France.

Les politiques de l'emploi commencent aujourd'hui à porter leurs fruits, après maintes désillusions, tous gouvernements confondus.

Le retournement de situation va-t-il perdurer ?

À l'aide de vos connaissances et du texte proposé en annexe, nous allons présenter la situation de l'emploi en France en montrant quelles en sont les conséquences sur les conditions du travail.

I. La situation de l'emploi

A. L'acceptation du chômage ?

1. Des emplois limités en nombre
2. Les raisons de cette situation (technologies, délocalisations...)
3. Les différents chômages (+ de 50 ans, jeunes femmes, diplômés ou non...)

II. Les conditions de travail et le chômage

A. Les difficultés

1. Sélection plus poussée
2. Salaires en baisse
3. Exigences plus importantes
4. Fatigues liées à la rationalisation

B. Les avancées potentielles

1. Stagnation des contrats de travail précaire
2. Revendications salariales
3. Réduction du temps de travail

Conclusion

Synthèse : si le chômage est progressivement résorbé par les créations d'emploi, la pénibilité du travail semble plus importante.

Ouverture : une révision de l'organisation du travail axée principalement sur la productivité n'est-elle pas envisageable ?

Chapitre 13 - Les déséquilibres sociaux

DOCUMENTS DE SENSIBILISATION

1. Difficultés sociales dans les pays riches

1. Problèmes sociaux : pouvoir d'achat insuffisant, pas de statut ni de droits sociaux.

   Problèmes de société : bruit, pollution, insécurité, mépris.
2. Augmentation du Smic, formation, réglementation du travail, écologie, lois diverses, renforcement de la sécurité.

2. L'exclusion sociale

1. Les exclus sont mis à l'écart, perdent leur logement, s'éloignent de leur famille.
2. Le chômage, la drogue, la délinquance, etc.
3. Avant que la rupture du lien social ne soit consommée : clochardisation de l'individu.

3. Après le RMI, la CMU pour les plus démunis

1. Donner une couverture maladie à l'ensemble de la population.
2. Gratuité aux personnes sans droit de base ainsi qu'à ceux ayant un revenu inférieur au minimum vieillesse.
3. État, départements et mutuelles financent la CMU.

4. Un budget américain social

1. Il représente 677/1 600 x 100 = 42,3 % du budget français.
2. Il va être affecté aux retraites et à la Sécurité sociale.
3. Non, l'excédent avait servi à baisser les impôts.

5. Le risque social au Japon

1. Elles avaient une attitude paternaliste envers leurs salariés.
2. Le Japon traverse une crise consécutive à la concurrence mondiale.
3. Pas toujours pour les plus âgés ou pour ceux qui ne sont pas assez spécialisés.

6. Terminologie sociale

1. Vieillesse, famille, santé et chômage.
2. On distingue les régions financées par la cotisation sociale et celles financées par les ressources de nature fiscale.
3. On distingue les prestations sociales, les services sociaux et les prestations fiscales.

7. La protection sociale dans l'Union européenne

1. Allocation, retraite et chômage.
2. Le chômage provoque des phénomènes de déstabilisation sociale et d'exclusion.
3. Elle augmente régulièrement.

8. Les raisons d'un problème grave

1. Les actifs plus nombreux financent par leurs cotisations la retraite des inactifs.
2. L'augmentation pour tous de l'espérance de vie, l'accroissement des plus de 60 ans et la diminution de la population active.
3. Augmenter la natalité, favoriser une épargne retraite institutionnelle (État) et privée (fonds de pension).

ACTIVITÉS DE SYNTHÈSE

Consulter et exploiter la documentation économique

L'AVENIR DE LA RETRAITE

1. Quel est le système le plus sûr ?

1. Les actifs, de moins en moins nombreux, ne pourront plus supporter la charge des retraités trop nombreux.
2. La valeur de la monnaie n'est pas toujours assurée (krachs, inflation).
3. Accroître la natalité, investir dans des domaines sûrs.

2. Le système de retraite à l'étranger

1. Tous ces pays ont un régime de retraite par répartition.
2. Il n'en existe pas en Allemagne. Ils sont très utiles aux Pays-Bas, ainsi qu'aux États-Unis. Ils étaient essentiels en Grande-Bretagne.
3. Les retraités anglais apparaissent comme les moins avantagés.

3. Le choix de la France pour financer les retraites

1. Élaborer un rapport pour déterminer les choix gouvernementaux en matière de retraite.
2. Trois principes :
   – consolider les retraites par répartition ;
   – reconstruire une société de plein-emploi ;
   – entamer des réformes vers, notamment, les fonds de pension.
3. Il déterminera l'avenir du système de retraites.

4. Retraites : sortir du débat statistique

1. Son hypothèse ne s'est jamais produite et paraît très optimiste, sinon irréaliste, et à la limite de l'incompétence statistique.
2. On peut imaginer un système de retraite par capitalisation privée, assorti d'une capitalisation publique.
3. Réponse à actualiser.

• Analyser une situation économique

UNE NOUVELLE DONNE SOCIALE

1. La réduction et la fragmentation de la société ouvrière a entraîné des modifications dans la structure sociale de la France à partir des années 60.
2. Cela conduit à l'exclusion et à ses conséquences.
3. On distingue différentes formes : l'exclusion monétaire avec les personnes dont les revenus sont inférieurs au seuil de pauvreté ; on trouve également une pauvreté d'existence relative à un manque de biens ordinaires, et une pauvreté subjective qui représente l'écart entre le minimum nécessaire et le revenu d'un ménage.
4. 2 % des ménages cumulent les trois formes de pauvreté, soit environ 700 000 ménages.

• Développement structuré

Introduction

Les pays développés connaissent depuis le début des années 80 un phénomène particulier qualifié d'exclusion sociale.

En effet, les progrès de la croissance ne bénéficient pas à tous les ménages de la même façon.

L'État met en œuvre des moyens pour réduire cette fracture sociale, mais dans quelle mesure y réussit-il ?

À l'aide ce nos connaissances et du texte proposé, nous présenterons la notion de fraction sociale avant de montrer les effets du revenu minimum d'insertion sur ce phénomène.

I. La nouvelle pauvreté

A. Une large fraction sociale

1. Personnes concernées
2. Mesure de la pauvreté
3. Localisation

B. L'origine du phénomène

1. Le chômage
2. Les autres facteurs (perte du lien social, drogue…)

II. L'apport du RMI

A. Notion de RMI

1. Créé en 1988
2. Conditions
3. Nombre de RMistes

B. Les trois volets du RMI

1. Garantie d'un minimum social
2. Ouverture de droits sociaux complémentaires
3. Favorisation d'une insertion sociale et professionnelle .

Conclusion

Synthèse : Si la pauvreté demeure toujours importante dans nos sociétés développées, des moyens sont mis en œuvre afin de l'éradiquer.

Ouverture : L'essentiel ne reste-t-il pas lié à la fin du chômage qui déboucherait sur une société de plein-emploi ?

Thème 2 - L'interdépendance des économies et le problème de la coordination internationale des politiques

DÉBAT

1. L'État économique subordonné ?

1. Les États-Unis demandent à l'Europe d'absorber les exportations asiatiques afin de l'aider à sortir de la crise.
2. La population est favorable à un protectionnisme qui la protège des produits étrangers. Des mesures sont prises contre le Japon (acier) ou l'Europe (banane).
3. Cette attitude censée rétablir l'équilibre des marchés apparaît comme excessive.
4. L'ordre économique mondial limite la souveraineté des États, qui doivent respecter certaines règles au détriment de leurs propres intérêts.
5. Cela permet de s'exonérer des problèmes économiques internes en les imputant à l'économie internationale.

POUR ALLER PLUS LOIN

1. En 1999, l'économie mondiale résoud ses problèmes cycliques de crise et la reprise s'installe dans de nombreuses régions du monde. Certains problèmes perdurent : chômage, inégalité Nord/Sud.
2. La conférence de Seattle a échoué, aucune mesure importante et concrète n'ayant été prise face à l'hostilité de la « société civile ».
3. Les atouts : ouverture des économies, communication, multiplication des échanges, accélération du progrès technique.

   Faiblesses : inégalités, peurs identitaires, xénophobie…
4. La mondialisation fragmente les processus de production, qui multiplient des lieux différents pour la fabrication d'un même produit. Cela dépasse également les salariés et, par conséquent, le marché du travail.
5. L'interdépendance des économies se caractérise par des mouvements de capitaux, des investissements directs et des alliances effectuées par les multinationales. Leur réussite repose sur la connaissance, l'interprétation et la maîtrise des cultures, des institutions et des situations spécifiques de chaque pays dans lesquels elles s'implantent.
6. Tourmente financière en Thaïlande qui affecte, par contrecoup, les autres pays d'Asie, puis la Russie et le Brésil. La chute des prix des matières première affecte l'Amérique latine et l'Asie.

Objectif BTS

Objectif BTS - Sujet 1

PREMIÈRE PARTIE

1. L'épargne salariale

1. La rémunération représente l'ensemble des sommes perçues par un salarié pour son travail. Elle se décompose en salaire de base et accessoires du salaire (primes).
2. L'épargne salariale est le moyen d'attirer et de fidéliser les meilleurs salariés.

   Attirer : recrutement.

   Fidéliser : pas de turn-over.
3. La participation fait du salarié un associé (actions versées).

   L'intéressement confère au salarié une partie des résultats de l'entreprise.

   L'abondement représente la part ajoutée par l'entreprise pour aider l'épargne du salarié.

   Les stock-options représentent une possibilité d'acquisition de parts sociales à des cours préférentiels.
4. La distribution en est restreinte et réservée aux cadres dirigeants.

2. Conditions générales de vente : les clauses à ne pas oublier

1. Quatre règles à respecter pour la formation d'un contrat :
   - consentement ;
   - capacité ;
   - objet ;
   - cause.
2. Le consensualisme représente la force obligatoire de la volonté qui s'exprime à travers l'échange des consentements.

   Toutes les clauses conformes à l'ordre public et aux bonnes mœurs et acceptées par les deux parties sont valables.
3. Clauses de réserve de propriété : le vendeur reste propriétaire des biens vendus jusqu'à complet paiement.

   Clause résolutoire : annulation rétroactive de la vente en cas de défaut de paiement.

   Déchéance du terme : demande de la totalité de la somme en cas de défaillance de paiement d'une échéance.

DEUXIÈME PARTIE

Définition du libre-échange : celui-ci consiste à supprimer toutes les entraves aux échanges de biens et de services entre les pays.

Les échanges actuels se font sur la base du libre-échange, mais des protectionnismes subsistent.

I. Le principe de libre-échange dans les échanges actuels

A. Le développement des échanges de biens et de services

1. Augmentation des échanges
2. Théorie des avantages comparatifs

B. Les principes du Gatt

1. Non-discrimination
2. Clause de la nation la plus favorisée

II. Des protectionnismes

A. Un protectionnisme qui perdure

1. Catalogue de normes
2. Barrière douanières

B. La création de sous-zones de libre-échange

1. L'Alena
2. L'UEE

Ces nouvelles enclaves prouvent que tout ne va pas si bien sur un plan international.

Objectif BTS - Sujet 2

PREMIÈRE PARTIE

1. Exemple de contrat de travail

1. Quatre conditions de formation du contrat :
   - consentement : si les deux parties signent sans invoquer de vices, le consentement sera présent ;
   - capacité : Mme Lumel est née en 1967. Elle est majeure et *a priori* capable juridiquement ;
   - objet : c'est un contrat de travail donc pas de problème ;
   - cause : pas de problème à soulever.
2. Deux clauses semblent visées :
   - la clause de non-concurrence ;
   - l'obligation de discrétion.
3. L'utilité de la clause de non-concurrence se trouve dans l'obligation de secret professionnel.

   a. Mme Lumel peut toujours contester cette clause en prétextant qu'elle est exhorbitante du droit commun.

   Il n'y a pas, par exemple, de limite territoriale.

   b. La société peut invoquer la durée dans le temps (1 an) et la notion d'entreprise concurrente en réponse à Mme Lumel.

2. Règlement de compte à l'OMC

1. L'OMC (Organisation mondiale du commerce) représente la nouvelle dénomination du Gatt.

   Elle est fondée sur deux principes :
   - la libre circulation des biens et des services ;
   - la non-discrimination (clause de la nation la plus favorisée).
2. Augmentation des droits de douane sur certains produits.
   Aide à l'exportation.
   Catalogue de normes techniques.
3. La commission européenne a mis en place un régime préférentiel d'importation pour les bananes africaines et antillaises au détriment des bananes américaines.

DEUXIÈME PARTIE

Une économie plus flexible, c'est une économie avec moins de contrainte, une économie plus libérale, plus proche des lois du marché.

La flexibilité est-elle bonne pour l'économie ?

I. Les avantages de la flexibilité

A. Pour l'entreprise

1. Souplesse
2. Absence de rigidité
3. Adaptation aux exigences mouvantes du marché
4. Mondialisation
5. Annualisation

B. Pour les ménages

1. Moins de chômage
2. Meilleure réponse aux besoins variés d'emploi (temps partiel, etc.)
3. Développement du temps libre

II. Inconvénients de la flexibilité

A. Pour les ménages

1. Instabilité permanente
2. Maintien d'un taux d'épargne élevé
3. Exclusion
4. Emploi précaire

B. Pour les entreprises

1. Difficultés d'organisation
2. Absence de motivation
3. Culture d'entreprise en danger

Objectif BTS - Sujet 3

PREMIÈRE PARTIE

Documents 1, 2 et 3

1. Le Conseil de la concurrence est chargé d'assurer le respect des dispositions en matière de pratiques anticoncurrentielles (art. 7 de l'ordonnance du 1er décembre 1986) :
   – ententes;
   – abus de position dominante;
   – concentrations.
2. La procédure peut être ouverte à la demande du ministre de l'Économie, d'une entreprise victime ou d'office.

   Après constitution d'un dossier, le Conseil rend un avis.

   La décision est susceptible d'être suivie ou non par le ministre de l'Économie qui rend sa décision.
3. Orangina est aussi le distributeur de Pepsi Cola.

   Du fait du rachat, Coca-Cola avait un monopole de fait sur le marché des softs drinks.

4. Le moral d'acier d'Usinor

1. Le groupe Usinor réalise des bénéfices car :
   – licenciement massif;
   – allègement des structures;
   – investissement massif (5 à 7 milliards de francs);
   – recherche et développement (acier de haute valeur ajoutée);
   – formation du personnel;
   – amélioration de la compétitivité.
2. Axes stratégiques (*voir tableau ci dessous*).
3. La valeur boursière faible de l'entreprise peut tenter des concurrents. Il faut procéder à cette OPA sur le groupe et prendre son contrôle.

DEUXIÈME PARTIE

Conséquences de la mise en place de l'Union économique et monétaire pour l'économie nationale et pour les entreprises françaises.

Mise en place de l'Union économique et monétaire (UEM) à compter de 1998 avec :
– création de la banque européenne (1998);
– lancement de l'euro (1er janvier 1999);
– suppression des monnaies nationales (1er janvier 2002).

Quelles sont les conséquences de la mise en place de l'UEM sur les entreprises et les États (économies nationales) ?

I. Les effets de l'UEM sur l'entreprise

A. Les effets de la libre circulation
1. Élargissement du marché potentiel
2. Suppression des barrières douanières
3. Augmentation des sources de financement avec la libre circulation des capitaux
4. Augmentation du marché du travail

B. Les effets de la monnaie unique
1. Stabilité monétaire
2. Aide à l'exportation
3. Nouvelle politique commerciale des marges
4. Nouvelle politique mercatique

II. Les effets de l'UEM sur les États

A. L'ouverture accrue à la concurrence
1. Favoriser la compétitivité
2. Création de groupes européens
3. Harmonisation fiscale, sociale, etc.

B. La perte de pouvoir
1. Les critères de convergence
2. L'indépendance de la banque centrale
3. La disparition du franc
4. La coordination des politiques économiques

Première partie, doc. 4, question 2

	Avantages	**Limites**
La spécialisation	Compétences dans le métier d'origine.	Grande dépendance par rapport au marché de l'acier.
Croissance externe	Agrandissement du groupe et puissance par rapport au marché.	Risque de mauvais rachats coûteux.